A

Lieber Heinz!

Mit dir zu arbeiten
ist immer wieder
ein großes Glück!
Du bist einfach
ein so wunder-
voller Mensch!
Ich danke dir
sehr für alles!
Mai 8. 11. 2017

PS. Weil du so gerne Sachen
richtig machst dieses Buch

meine liebe Freundin Hilda!

Linda-Luise Bickenbach
Bente Schipp

SACHEN RICHTIG MACHEN

Haushalt mit Stil

Atlantik

My home is my castle.
Aber wie wird man zur Exzellenz in Haushaltsfragen?

Das Internet ist voll mit Abertausenden Tipps, die uns dabei helfen sollen, den Haushalt in den Griff zu bekommen – und unser Leben gleich dazu. Im Alltag erweisen sich allerdings viele Ratschläge als unbrauchbar, manchmal sogar als falsch. In diesem Buch kommen deshalb Experten zu Wort, die es wirklich wissen müssen. Einfach, weil sie zu den Besten ihres Fachs gehören.

INHALT

Textilien & Leder

Küche & Lebensart

Feste & Gäste

Schönheit & Luxus

Wohnen & Leben

Textilien & Leder

TEXTILE WAHRHEITEN

Welche Pflege brauchen Kaschmir und Seide? Und wie sortiere ich bloß meinen Kleiderschrank? Tipps und Tricks zum richtigen Umgang mit Kleidung und Wäsche.

DIE FACHFRAU

Bettina Steiskal von
The Corner Berlin

Wenn Mode-Ikonen wie Stella McCartney oder Carine Roitfeld in Berlin sind, führt ihr Weg sie zu The Corner Berlin: Der Concept Store gilt als beste Hauptstadtadresse für internationale High Fashion. Neben renommierten Labels wie Céline, Balmain, Isabel Marant, Givenchy oder Alexander McQueen findet man Mode von spannenden Newcomern und Nischendesignern.

Auf den nächsten Seiten verrät Bettina Steiskal, Store-Managerin von The Corner Berlin West, wie man hochwertige Fashionstücke standesgemäß behandelt, damit sie möglichst lange wie neu aussehen.

The Corner Berlin West, Wielandstraße 29, 10629 Berlin
The Corner Berlin East, Französische Straße 40, 10117 Berlin
The Corner Berlin Men, Markgrafenstraße 45, 10117 Berlin

Die wichtigste Pflegeregel lautet: Kleidung richtig aufbewahren – am besten wie im Fashion Store. Hängen statt liegen ist für viele Teile die beste Position.

1 Vorsicht vor minderwertigen Holzbügeln: Splitter und Unebenheiten können zu Rissen und gezogenen Fäden führen.

2 Strick- und Kaschmirteile nicht aufhängen, sondern sorgfältig falten und hinlegen. Sonst leiern sie aus und verlieren ihre Form. Feine Dessous, Nachtwäsche und Nylons fühlen sich in Schubladen wohl, die mit Papier ausgelegt sind. Wer auf Nummer sicher gehen will, nimmt weißes Papier, dann färbt nichts ab.

3 In empfindliche Schuhe weiches Papier hineinstecken, dann behalten sie ihre Form. Anschließend mit Seidenpapier umwickeln und in Kartons lagern – das schützt vor Macken und Staub. Wer die Übersicht behalten will, fotografiert jedes Paar einzeln und klebt das Foto auf den jeweiligen Karton.

4 Handtaschen tut es gut, wenn sie mit Seidenpapier gefüllt sind. Das beugt unschönen Knicken und Dellen vor. Stets im Staubbeutel des Herstellers aufbewahren.

5 Generell sollte man Gürtel rollen und Krawatten aufhängen: So passt sich der Gürtel an die Taille an, und die Krawatte schlägt keine Wellen.

6 Tipp für lange Abendkleider: Oben auf einen Bügel hängen, unten am Saum mit einem Klemmbügel versehen und von beiden Seiten aufhängen. Schont den Saum vor dem Ausfransen und vermeidet Stoffberge auf dem Schrankboden.

7 Ordnung ist bekanntlich das halbe Leben. Das gilt erst recht im Kleiderschrank. Deshalb sollte man sich für ein einziges Ordnungssystem entscheiden und dieses konsequent durchziehen. Entweder nach Modellen (Hosen zu Hosen, Röcke zu Röcken, Jacketts zu Jacketts etc.), nach Themen (Büro-Outfits, Casual, Abendgarderobe etc.) oder nach Farben sortieren.

8 Röcke und Hosen sind mit Klemmbügeln bestens versorgt; Blusen, Hemden, Jacken und feine Shirts auf normale Bügel hängen. So entstehen keine unnötigen Knicke, die das Material belasten können.

9 Hilft immer: Kleiderschrank sofort ausmisten. Nächste Woche noch einmal ausmisten. Ab dann halbjährlich wiederholen.

Seide

Ursprünglich aus China, zählt Seide zu den edelsten Naturstoffen der Welt. Gewonnen wird sie aus den Kokons der Seidenraupe, die wiederum die Larven des Seidenspinners sind. Die erstaunlichste Eigenschaft von Seide: Im Sommer ist sie angenehm kühl, im Winter hält sie warm. Allerdings ist das feine Stöffchen nicht ganz pflegeleicht.

Seide reinigen bzw. waschen

Der wohl schlimmste Feind von Seide ist Wasser: Aus diesem Grund niemals einen einzelnen Fleck mit Wasser auswaschen oder die Seide vor dem Bügeln mit Wasser besprengen. Vorsicht übrigens auch bei Dampfbügeleisen – sie tropfen!

Wer seine Seidenkleidung oder -wäsche zu Hause statt beim Profi reinigen will, sollte Folgendes beachten: Helle Seide maximal fünf Minuten in lauwarmem Wasser mit speziellem Seidenshampoo einweichen. Bedruckte oder dunkle Seide nur kurz durchs kalte Handbad ziehen und gar nicht einweichen. Unbedingt ein Waschmittel verwenden, das ausdrücklich für Seide geeignet ist. Beim Waschen den Stoff nur leicht hin- und herbewegen. Nach spätestens fünf Minuten

Starke Sonneneinstrahlung bekommt Seide schlecht.

die Seide in kaltem Wasser ausspülen. Einige Experten empfehlen zusätzlich einen Teelöffel Weinessig, um Seifenrückstände zu entfernen. Wichtig: Seide auf keinen Fall auswringen! Sie ist in nassem Zustand höchst empfindlich. Zum Trocknen das Kleidungsstück nach dem Ausspülen in ein weiches Handtuch einrollen oder, noch schonender, zwischen zwei Handtücher legen. Anschließend die Seide flach auf ein sauberes, trockenes Handtuch legen und das Kleidungsstück vorsichtig in Form bringen. Bei Lufttemperatur so lange trocknen, bis der Stoff noch leicht feucht ist. Direkte Wärmequellen wie Sonne und Heizung meiden. Zuletzt Bügeleisen auf die niedrigste Temperatur stellen und sanft auf der linken Seite bügeln – fertig.

Parfüm und Deodorant sind für Seide Gift. Deshalb sollte man beides unbedingt vor dem Anziehen auftragen und gründlich trocknen lassen, bevor man die Seidenbluse oder das Seidenkleid überstreift.

Kaschmir

In punkto Luxusmaterialien gehört Kaschmir zum Kuscheligsten, was die Natur zu bieten hat. Entsprechend aufwendig ist es, echte Kaschmirwolle zu gewinnen: Die in der Mongolei und im Himalaja lebenden Kaschmirziegen besitzen ein ungewöhnlich feines, weiches und leichtes Unterhaar, das zum Ende des Winters herausgekämmt wird. Jede Ziege produziert nur wenige hundert Gramm. Das erklärt auch den üppigen Preis, den Kaschmirwolle mit sich bringt.

Kaschmir ist ein Naturhaar, das durch einfaches Lüften wieder frisch duftet. Tragen Sie Ihren Kaschmirpullover niemals zwei Tage hintereinander, und lüften Sie ihn nach jedem Tragen gut durch. So können Sie den Waschvorgang ziemlich lange hinauszögern.

Knötchen lassen sich nicht vermeiden und gelten sogar als Qualitätsbeweis, weil sie bei sehr feinem Garn besonders häufig auftreten. Der Trick: Rasieren statt Rupfen! Gut sortierte Wollfachgeschäfte bieten Fusselrasierer an, mit deren Hilfe sich die kleinen Knoten einfach entfernen lassen. Nach zwei- bis dreimaliger Anwendung auf trockenem Kaschmir sieht alles aus wie neu. Übertreiben sollte man es mit dem Rasieren allerdings nicht, sonst wird das Material immer dünner und vom edlen Kaschmir ist bald nicht mehr viel übrig.

Kaschmir waschen

Bei der besten Reinigungsmethode für Kaschmir scheiden sich die Geister: Die einen raten zum Waschmaschinen-Wollprogramm bei 30 °C und niedriger Schleuderdrehzahl in höchstens halb gefüllter Trommel. Die anderen schwören auf die gute alte Handwäsche: Dafür dreht man sein Kaschmirstück auf links und drückt es in kaltem Wasser vorsichtig durch.

Bitte ausschließlich kaschmirtaugliches Spezialwaschmittel verwenden, keinen Weichspüler benutzen und niemals wringen oder reiben!

Zum Trocknen das Kleidungsstück auf ein frisches Handtuch legen und vorsichtig zurechtzupfen. Nach einigen Stunden wenden. Direkte Heizungsnähe und pralle Sonneneinstrahlung sind tabu. Wer bügeln will, sollte auf eine besonders niedrige Temperatur achten.

Hilfe, Motten!

Eine Motte ist ein sogenannter Fraßschädling. Sie ernährt sich von den Rückständen, die wir Menschen hinterlassen, sprich: Hautschuppen, Fett und anderen eiweißgebundenen Verschmutzungen. Um an diese Rückstände zu gelangen, fressen sich Motten mit Vorliebe durch Wolle und Kaschmir.

Mottenbefall kann man am besten verhindern, indem man getragene Wollteile reinigt, bevor man sie länger lagert. Auch Wollmäntel sollte man nach der Saison in die Reinigung geben. Ein professionell gereinigtes Kleidungsstück kann kaum von einer Motte angefressen werden.

Ist natürlicher Mottenschutz ebenso wirksam wie chemischer?

Ja. Zedernholz oder Lavendelkugeln wirken dem Mottenbefall ebenso entgegen wie chemisch hergestellter Mottenschutz. Die natürlichen Produkte sind sogar empfehlenswerter, weil sie in der Regel keine Allergien hervorrufen.

Was tun bei Mottenbefall?

Stellen Sie erst einmal den gesamten Schaden fest: Sind die Stücke noch tragbar? Falls ja, sollten alle befallenen Textilien einmal in die Reinigung gegeben werden. Nur so geht man sicher, dass keine weiteren Larven in den Fasern sitzen.

RICHTIG FEST

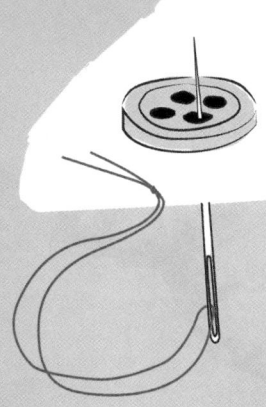

1 Zwirn doppelt nehmen. Die Enden mehrfach gut verknoten. Die Nadel von hinten durch den Stoff drücken, dann den Knopf darauf setzen, die Nadel durchziehen.

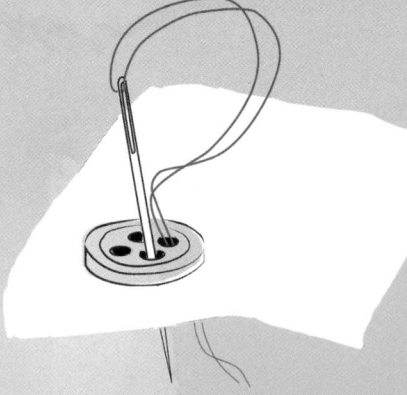

2 Nun die Nadel durch das gegenüberliegende Knopfloch hindurchstechen und nach unten ziehen, bis das verknotete Fadenende den Faden stoppt.

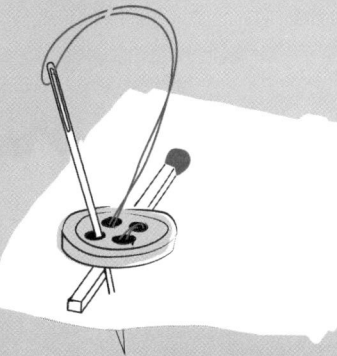

3 Streichholz unter den Knopf legen, um den perfekten Abstand zwischen Stoff und Knopf zu erzielen. Dann die Nadel durch ein freies Knopfloch wieder nach oben ziehen. Durch das gegenüberliegende Knopfloch zurückführen. Mehrfach wiederholen. Bei den beiden anderen Knopflöchern genauso vorgehen.

4 Anschließend Streichholz entfernen und den Abstand zwischen Stoff und Knopf einige Male umwickeln.

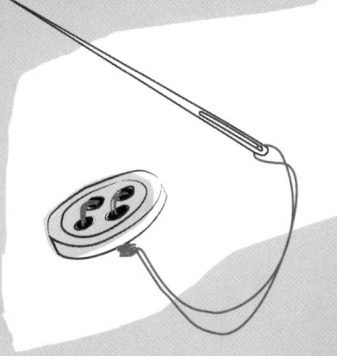

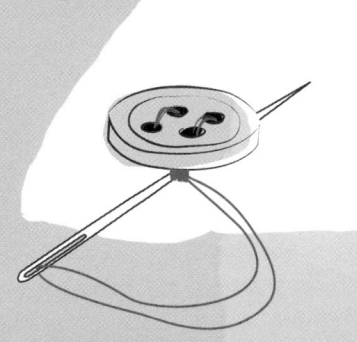

5 Zum Schluss den Faden durchschneiden und die Nadel beiseite legen. Dann die beiden Fadenenden fest verknoten und möglichst nahe am Stoff abschneiden.

DER FLECK MUSS WEG

Kleines Einmaleins zur Fleckentfernung:
Welche Hausmittel helfen wirklich, um Flecken
aus Textilien zu entfernen? Und wie bekommt
man nun den Rotweinfleck aus der Lieblingsbluse?
Die wichtigste Devise lautet: Bloß nicht in Panik
ausbrechen und zum nächstbesten Lappen
greifen! Mit diesen Tipps vom Profi rückt man
selbst hartnäckigen Verunreinigungen
erfolgreich zu Leibe.

DER FACHMANN

Torsten Matusch,
Gründer des Reinigungsunternehmens
Cleanteam Berlin

Torsten Matusch (*1965 in Anklam) ist das, was man einen klassi-schen Quereinsteiger nennt. Der gelernte Ofensetzer entschloss sich nach der Wiedervereinigung, seine erste eigene Textilreini-gung in Berlin-Mitte zu eröffnen. Das war 1992. Sein sorgfältiges Selbststudium und sein Fleiß machten sich schnell bezahlt. Schon bald kamen auch gewerbliche Kunden, unter anderem von Opernhäusern und Theatern. So wurde Torsten Matusch zum Spe-zialisten für die Reinigung von Kostümen.

Mittlerweile umfasst sein Unternehmen drei chemische Reinigungs-filialen mit automatischem Annahme- und Ausgabeservice. Torsten Matusch und seine Frau beschäftigen derzeit 45 Mitarbeiter. Zur illustren Kundenschar gehören unter anderem die Filmstudios Babelsberg, das Luxuskaufhaus Galeries Lafayette und etliche Berliner High-Fashion-Boutiquen.

Materialkunde:
Wissenswerte Basics

Grundsätzlich lassen sich Textilien in zwei Gruppen aufteilen: solche, die aus Naturfasern bestehen, und solche, die aus Synthetikfasern bestehen.

Wichtig: Sobald verschiedene Materialien miteinander kombiniert sind, ist der Fachmann gefragt, denn dann ist die Reinigung komplizierter. Bevor man den Fleck angeht, sollte man deshalb immer auf den Textiletiketten des Herstellers nachschauen, aus welchen Materialien das Kleidungsstück hergestellt wurde.

Vor der Reinigung
Saumprobe und Färbeprobe machen

Saumprobe: Bei jedem Einsatz von Fleckenmitteln sollte man an einer unauffälligen Stelle – beispielsweise am inneren Saum – das Mittel auftragen und leicht einreiben. So stellt man fest, ob sich das Material mit dem Produkt verträgt. Verändert sich die Farbe des Stoffes, unbedingt ein anderes Fleckenmittel verwenden.

Färbeprobe: Ob man ein Kleidungsstück, bei dem man unsicher ist, in die Waschmaschine stecken darf, testet man durch eine Färbeprobe. Dazu ein weißes Stofftuch mit warmem Wasser befeuchten und es über eine unauffällige Stelle reiben. Nimmt das Stofftuch die Farbe des Kleidungsstücks an, ist die Gefahr groß, dass es beim Kontakt mit Wasser seine Farbe verliert oder fleckig wird.

DIE HÄUFIGSTEN NATURFASERN

Baumwolle

Wolle

Kaschmir

Seide

Baumwollsamt

Leinen

Zellulose

Jute

Baumwollspitze

Pelze und Felle

DIE HÄUFIGSTEN SYNTHETIKFASERN

Polyester

Polyesterspitze

Nylon

Polyamid

Polyurethan

Viskose (besteht aus der Naturfaser Zellulose, die jedoch veredelt wurde)

Kupro (chemisch veredelte Viskose, gilt als Seidenimitat)

PVC (in der Regel in Form einer Beschichtung)

Diese Produkte sollte man im Haus haben

Bekannte Hausmittel wie Backpulver, Salz, Zitronensäure oder Essig können immer Folgeflecken, Farbveränderungen oder unschöne Ränder verursachen. Was vor 100 Jahren noch funktioniert hat, ist heute riskant, weil die Textilien unserer Tage ganz anders zusammengesetzt sind.

Ein niedrig dosierbares **Vollwaschmittel** der gängigen Marken, das ein besonders gutes Schmutzlöseverhalten aufweist und für weiße und helle Baumwollmaterialien geeignet ist. Neben den Seifenbestandteilen enthält ein solches Vollwaschmittel auch einen Anteil an Sauerstoff, der einen Bleicheffekt besitzt und weiße bzw. helle Kleidungsstücke wieder strahlen lässt. Damit der Sauerstoff besser wirkt, wäscht man mit höheren Temperaturen. Das Resultat: Weiß ist wirklich weiß. Viele Verschmutzungen werden so ohne weiteres Zutun entfernt. Eine dunkelblaue Jeans hingegen kann nach einer solchen Vollwäsche stark ausbluten.

Ein **Feinwaschmittel** enthält keinen Sauerstoff, ist deshalb für Buntwäsche geeignet und bleicht dunkle Farben nicht aus. Weil es etwas saurer eingestellt ist, quellen die Fasern weniger auf. Das ist für Wolle, Kaschmir und Seide ideal. Feinwaschmittel verwendet man im Niedrigtemperaturbereich. Nachteil: Hartnäckige Flecken lassen sich mit Feinwaschmittel weniger gut entfernen, helle Stoffe können grau werden.

Ein sauerstoffbasiertes **Bleichmittel**, zum Beispiel Vanish Oxi, Sil Fleckensalz oder andere handelsübliche Produkte.

Wichtig: Fleckentferner immer mit großer Vorsicht anwenden! Oft ist der Schaden durch das Fleckenmittel größer als der Schaden, den der Fleck selbst angerichtet hat. Im Zweifelsfall empfiehlt sich der Gang zur Profi-Reinigung.

Merke: Wasser ist noch immer das beste Reinigungsmittel und beschädigt Kleidung in der Regel nicht. Risiken für Textilien ergeben sich eher aus zu heißen Temperaturen, der Art des Schleuderns und Trocknens, der Intensität der Waschmaschinenmechanik usw. Auch eine zu hohe Dosierung des Waschmittels schädigt häufig sowohl das Kleidungsstück als auch die Umwelt. Eine zu niedrige Dosierung führt zu mangelnder Sauberkeit, Vergrauung und im Extremfall sogar zu sogenannten Fettläusen.

Man kann zu Hause fast alles waschen, jedoch stellt man fest, dass das Bügeln immer wieder eine schwierige Aufgabe darstellt. Aus diesem Grund sollte man zu Hause nur waschen, was auch mühelos gebügelt werden kann.

Was passiert überhaupt bei der chemischen Reinigung?

Chemische Reinigung? Der Begriff klingt schrecklich, doch der Schein trügt: Chemische Reinigung bedeutet lediglich, dass die Textilien nicht mit Wasser, sondern in einem Lösungsmittel gereinigt werden. Das Lösungsmittel ist vergleichbar mit einem Waschbenzin, allerdings weniger leicht entflammbar.

Interessant: Den Unterschied zwischen dem Waschen zu Hause und der Profi-Reinigung kann man gut anhand eines Papiertaschentuchs erklären. Nach einem Waschgang in der Waschmaschine ist das Taschentuch nur noch ein unförmiger Klumpen. Nach einer chemischen Reinigung sieht es fast aus wie zuvor, und man erkennt sogar noch die Legefalten.

Reinigung vs. zu Hause waschen

Wer hätte das gedacht: Die chemische Reinigung ist umweltschonender und weist eine niedrigere Energiebilanz auf als das Waschen in der heimischen Waschmaschine.

Leder, Pelz und Fell gehören immer in die Reinigung

Flecken auf Leder, Pelz und Fell sollten professionell entfernt werden, denn falsche und zu aggressive Produkte können eine Menge Schaden anrichten. Bei oberflächlichem Schmutz kann man die Lederjacke mit einem feuchten Lappen abwischen. Handelt es sich um Veloursleder, verwendet man stattdessen eine feine Bürste.

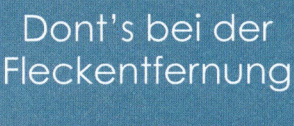

Dont's bei der Fleckentfernung

Niemals reiben oder wischen!

Stattdessen Fleckentferner schonend ein-massieren. Die Flecken sollten dabei auf einer ebenen Unterlage betupft oder mit den Fingerkuppen beklopft werden. Im Anschluss das Fleckenmittel immer gut mit kaltem Wasser ausspülen. Sonst kann es hässliche Ränder oder Farbverände-rungen geben.

Spucke gehört nicht auf Kleidung!

In der Aufregung greift man oft zu einem Taschentuch und reibt den Fleck mit ein wenig Spucke aus. Das Ergebnis: Durch das Reiben entsteht eine helle Stelle. Der Speichel wiederum enthält häufig Essens-rückstände, es können neue Flecken ent-stehen, oder die Farbe verändert sich.

Finger weg von Chlor!

Zwar wird Chlor im Haushalt oft als gängiges Fleckentfernungs- oder Bleich-mittel eingesetzt. Aber: Chlor kann die Farbe des Kleidungsstückes angreifen. Daher Chlor niemals auf farbigen Tex-tilien anwenden. Auch strahlend weiße Fasern sind das Ergebnis von chemischen Behandlungen: Diese optischen Aufhel-ler werden durch Chlor häufig zerstört. Es kann also passieren, dass eine weiße Polyesterbluse einen Gelb- oder Blaustich bekommt. Zudem ist Chlor umweltschäd-lich. Sauerstoffreinigungsmittel sind emp-fehlenswerter und biologisch abbaubar.

Erste Hilfe bei Flecken

BLUTFLECKEN: Das komplette Kleidungsstück in kaltes (!) Wasser legen, bis sich der Blutfleck löst; dann vorsichtig auswaschen. Bei älteren Flecken verlängert sich die Einweichzeit. Das Wasser sollte niemals über 40 °C erhitzt werden, da die im Blut enthaltenen Eiweiße sonst gerinnen und sich festsetzen.

BRANDFLECKEN: Sobald eine Flamme die Materialien, die Fasern und die Farbe angegriffen hat, geht der Fleck nicht mehr weg. Handelt es sich lediglich um Aschereste, beispielsweise auf einer weißen Tischdecke, ist es ratsam, den Stoff zunächst in lauwarmem Wasser einzuweichen und dann mit Vollwaschmittel in die Waschmaschine zu geben. Temperatur je nach Material und Farbe; Herstellerhinweis beachten.

FETT IN SYNTHETIKFASERN: Für 1–2 Stunden in einer warmen Spülilauge einweichen, nach Möglichkeit im Ganzen, da sonst Ränder entstehen. Anschließend gut mit einem dem Material und der Farbe entsprechenden Waschmittel waschen. Je höher die Wassertemperatur, umso besser, jedoch maximal bei 60 °C.

FETT IN NATURFASERN: Mit Feuerzeugbenzin den Fettfleck vorsichtig mit einem neutralen Tuch abtupfen, niemals reiben. Im Anschluss waschen; Herstellerangaben beachten. Gut zu wissen: Eine chemische Reinigung kann in neunzig Prozent aller Fälle Fett ohne jedes Risiko entfernen.

GRASFLECKEN: Je nach Material zuerst in einer warmen Waschlauge einweichen und den Stoff leicht gegeneinander reiben. Anschließend möglichst mit Vollwaschmittel so intensiv, wie es der Hersteller zulässt, in der Waschmaschine waschen.

MAKE-UP: siehe Fett.

KAFFEE: Textil mit Wasser und Sauerstoffbleiche aus der Drogerie behandeln und gut auswaschen. Achtung! Herstellerhinweise der Sauerstoffbleiche beachten und zunächst eine Färbeprobe machen. Verändert sich die Farbe, Behandlung abbrechen.

KLEBERRESTE: Vorsichtig den Fleck mit einem lösemittelhaltigen Fleckenmittel (sprich: Feuerzeugbenzin) aus dem Textil lösen. Vorher Saumprobe machen! Kommt man damit nicht weiter, hilft manchmal eine chemische Reinigung.

KUGELSCHREIBER: Dabei handelt es sich um einen Farbstoff, der sich mit Feuerzeugbenzin lösen lässt. Anschließend die Farbe mit einem sauberen Lappen sorgfältig abtupfen und im Anschluss das gesamte Kleidungsstück gut mit Wasser spülen (je nach Material per Hand oder in der Waschmaschine).

OBSTFLECKEN: Hier empfiehlt sich eine Behandlung mit Sauerstoffbleiche und Wasser. Den Fleck ca. 20–30 Minuten in kaltem Wasser einweichen, dann das Bleichmittel entsprechend der Anleitung des Herstellers verwenden. Richtig gut wirkt Sauerstoffbleiche erst bei höherer Temperatur, allerdings immer das Material beachten.

SCHMIERÖL: Dabei handelt es sich um eine Mischung aus verschiedenen Bestandteilen. Schmieröl enthält reines Fett, aber auch Gleitmittel und die darin gebundenen Farbpigmente sowie Schmutz- und Staubpartikel. Derartige Flecken bilden unterschiedliche Herausforderungen, weshalb man das Kleidungsstück besser gleich in die Reinigung gibt.

ROTWEIN: Wein ist wasserlöslich. Das heißt: Sowohl bei Rot- als auch bei Weißweinflecken sollte man das Stück zunächst in Wasser und einer kleinen Portion Sauerstoffbleiche einweichen (30–60 Minuten). Dann mit kaltem Wasser ausspülen. Anschließend je nach Textilie per Hand oder Maschine waschen. Dabei wieder Sauerstoffbleiche hinzufügen. Herstellerangaben beachten.

Weinflecken stets so schnell wie möglich behandeln, denn je länger man wartet, desto schlechter wird man sie los.

SALZ AUF ROTWEIN? BLOSS NICHT!
Entgegen der allgemeinen Annahme darf man Rotwein niemals mit Salz behandeln. Der Grund: Salz zerstört die Farbstoffe in den Textilien. Während beispielsweise Tischdecken früher aus reinem weißen Lei-

nen oder reiner weißer Baumwolle bestanden, sind sie heute oft gefärbt und bestehen aus Mischgeweben (Natur- und Synthetikfasern). Salz entzieht dem Stoff die Farbe, ein hässlicher Rand kann entstehen.

ROSTFLECKEN: Hier hilft nur ein säurehaltiges Fleckenmittel. Weil dessen Anwendung zu Löchern führen kann, sollte man lieber den Profi beauftragen.

SCHWEISSFLECKEN: Da Schweißflecken meist mit Deodorant verbunden sind, kann man die Flecken fast nie ganz entfernen. Der Grund: Schweiß und Deo ergeben zusammen mit der menschlichen Körperwärme eine aggressive Mischung, die sowohl Struktur als auch Farbe von Kleidung angreift.

Grob kann man Schweißflecken immerhin mit Wasser und Seife, zum Beispiel Kernseife oder Seife aus der Tube, behandeln. Achtung! Immer vollständig durchspülen, sonst gibt es wieder neue Ränder.

TINTENFLECK: Da Tinte wasserlöslich ist, muss man einen Tintenfleck wieder und wieder mit viel lauwarmem Wasser auswaschen. Geduld bewahren! Die Prozedur kann etwas dauern. Selten geht alles raus.

TOMATENSAUCE: siehe Obst.

URIN, ERBROCHENES ETC.: Derartige Flecken weicht man gründlich in kaltem bis lauwarmem Wasser ein. Im Anschluss vorsichtig und dem Material entsprechend durchspülen und dann ganz normal waschen.

DIE PERFEKTE SCHUHPFLEGE

Zurück zu altem Glanz:
Unsere Schuhe tragen uns Tag für Tag
durchs Leben. Sie haben ein wenig Aufmerksamkeit
verdient. Denn fast genauso wichtig wie die
Schuhqualität ist die richtige Schuhpflege.

DER FACHMANN

Udo Robakowski, Schuhmacher und Geschäftsführer von Schuh Konzept

Handwerker oder Unternehmer? Udo Robakowski (*1971 in Köln) wollte beides sein. Noch während eines Schülerpraktikums bei einem Schuhmacher wurde ihm ein Ausbildungsplatz angeboten. Aus dem Rheinland zog es den jungen Mann nach Berlin, wo er in Charlottenburg sein Geschäft Schuh Konzept eröffnete. Es dauerte nicht lange, und die qualitätsbewusste Westberliner Kundschaft vertraute ihm ihre besonders teuren und hochwertigen Schuhe an. Robakowski wurde bald zur Koryphäe. Heute findet man in seinem edel eingerichteten Laden eine Auswahl erstklassiger Schuhmarken sowie einen eigenen Reparatur- und Schuhpflegeservice.

Bislang einzigartig in Berlin sind Robakowskis Schuhpflegeseminare für Damen und Herren: Bei einem Glas Rotwein oder Champagner verrät der Experte dort all jene Tricks, die man für die perfekte Schuhpflege kennen muss.

Schuh Konzept, Bleibtreustraße 24, 10707 Berlin

Glattleder: Die 3-Schritte-Methode

Ob edles Kalbsleder oder feines Ziegenleder: Schuhe aus Glattleder lassen sich immer in folgenden drei Schritten putzen und pflegen: (1) Trockenen Dreck bürstet man mit einer groben Bürste ab oder entfernt ihn mit einem feuchten Tuch. (2) Emulsionscreme dünn auftragen, um die Farbe aufzufrischen und dem Leder Nahrung zu geben. (3) Damit die Schuhe richtig glänzen, trägt man zuletzt eine dünne Schicht Wachscreme auf; sie verschließt die Poren wieder.

Lackleder: Finger weg von Lackpflegeprodukten

Der Dreck auf Lacklederschuhen lässt sich gut mit einem feuchten Tuch entfernen. Wichtig: Keine speziellen Lackpflegeprodukte nehmen, sie kosten viel Geld und nutzen wenig. Stattdessen ist es ratsam, Bienenwachscreme dünn in das Lackleder einzuarbeiten und mit einem weichen Tuch abzuwischen. Dann glänzt es wunderbar!

DIESE PRODUKTE SOLLTE JEDER IM HAUS HABEN

Emulsions- und Wachscreme in Dosen oder Gläsern.

Auftragetuch. Kann auch ein altes Unterhemd sein.

Auftragebürste oder Zahnbürste für die Nähte und die Stellen, die das Tuch nicht erreicht.

Polierbürste und Poliertuch aus weicher Baumwolle oder Fleece.

Für Veloursleder: Messingbürste und flüssige Velourspflege.

Imprägnierspray bringt nichts! Um einen Glattlederschuh vor Dreck und Wasser zu schützen, muss Wachs als Schicht in das Leder eingearbeitet werden. Bei Velours- und Wildleder nimmt man flüssige Spezialpflege.

Velours- und Wildleder: Keine Angst vor Wasser

Was viele nicht wissen: Veloursleder und Wildleder sind faktisch dasselbe. „Wildleder" bezeichnet lediglich solche Lederarten, die von Wildtieren wie Rehen, Hirschen oder Antilopen stammen. Bei der Pflege muss man also nicht speziell unterscheiden.

Veloursleder ist – anders, als viele denken – relativ unempfindlich. Dreck lässt sich einfach abbürsten. Befindet sich auf dem Schuh ein unschöner Wasserfleck, sollte man den gesamten Schuh unter lauwarmem Wasser mit Schuhshampoo auswaschen. Und keine Sorge: Wasser tut dem Leder nichts. Die Schuhe im Anschluss mit Papier ausstopfen und trocknen lassen (dauert mindestens einen Tag).

Daraufhin kann man die Farbe des Leders mit flüssiger Velours- oder Wildlederpflege auf Wasserbasis auffrischen. Diese Produkte werden meist mit einem Schwamm zum Auftragen angeboten: Einfach auf den gesamten Schuh geben, einwirken lassen und den Schuh noch im feuchten Zustand mit einer Messingbürste aufrauen. (Keine Sprays, siehe oben links.)

Spraydosen halten
ihre Versprechen nicht

Viele Händler empfehlen zur Pflege von Wild- und Veloursleder Farbsprays sowie Imprägniersprays aus Dosen. Diese Sprays bestehen jedoch zu einem Drittel aus Treibgas. Das ist schlecht für die Umwelt und nützt wenig. Der Grund: Die Sprays dringen nicht in das Wildleder ein, sondern bleiben an den Faserspitzen hängen und tragen sich in kürzester Zeit ab. Weder Farbauffrischung noch Imprägnierung funktionieren richtig.

Nubukleder braucht keine
Sonderbehandlung

Nubukleder gehört, genau wie Velours- und Wildleder, zur Klasse der Rauleder. Insofern braucht diese Art von Leder keine Sonderbehandlung: Nubuk pflegt man genau wie Velours.

Kunstleder ist unkompliziert

So gut manche Kunstlederschuhe mittlerweile auch gefertigt sind, so schwierig es manches Mal sein mag, Kunstleder von echtem Leder zu unterscheiden – es handelt sich dabei immer noch um Kunststoff. Das hat in der Pflege einen Vorteil: Kunstleder ist unkompliziert. Dreck und alle anderen Flecken wischt man mit einem feuchten Tuch ab. Fertig. Wer mag, kann die Farbe noch zusätzlich mit einer Schuhcreme auffrischen.

Reptilleder braucht Emulsion

Entgegen der allgemeinen Annahme sind Reptilledersorten wie Alligator oder Schlange nicht besonders empfindlich. Allerdings

Wer kein Schuhshampoo zu Hause hat, kann bei Velours- bzw. Wildleder auch zu parfümfreiem und pH-neutralem Babyshampoo greifen.

handelt es sich um trockene, feine Lederarten, die ihre Stabilität durch ihr Futterleder gewinnen. Darum ist es wichtig, ab und an das trockene Außenleder mit einer Emulsionscreme zu pflegen. Doch gerade bei Reptilleder gilt in Sachen Pflege: Weniger ist mehr.

Fettflecken sind k(1)eine Katastrophen

Wenn der Veloursschuh einen Fettfleck hat, ist er für alle Zeiten ruiniert? Stimmt nicht ganz. Der Fettfleck ist zwar eine kleine Katastrophe, es gibt aber Möglichkeiten: Entweder man versucht, den Schuh vollständig

Zu viel Pflege für den Schuh ist schlecht. Maximal ein Mal pro Woche reinigen und pflegen. Andernfalls cremt man zu viele Wachse und Fette in das Leder ein. Es wird stumpf und glänzt nicht mehr.

unter lauwarmem Wasser mit Schuhshampoo auszuwaschen. Bei Bedarf kann man den Fleck vorher auch noch mit sehr wenig fettlösendem Spüliwasser vorbehandeln. Oder man beißt die Zähne zusammen und trägt die Schuhe einfach weiter. Durch die Bewegung kann sich der Fettfleck aus dem Leder walken und nach und nach verschwinden.

Sneakers in der Waschmaschine? Ein Glücksspiel

Viele glauben, dass sie ihre Sneakers und Turnschuhe einfach in die Waschmaschine stecken können, damit sie wieder strahlend sauber werden. Kann funktionieren, kann aber auch schiefgehen. Denn: Die meisten Teile des Turnschuhs sind geklebt. Weicht ein Sneaker etwa 45 Minuten in einer Waschmaschine ein, können sich die Klebstoffe voneinander lösen, der Schuh kann einlaufen, das Innenleben auseinanderfallen. Auch wenn es mühseliger ist, sollte man den Sneaker bei starker Verschmutzung besser per Hand unter lauwarmen Wasser säubern.

Um 1860 wurden in England die ersten Sportschuhe entwickelt – mit flexibler Gummisohle und Leinenschaft.

Salzränder sehen schlimmer aus, als sie sind

Nach einem nassen, kalten Wintertag, wenn das Wasser aus den Lederporen verdunstet ist, bleiben oft hässliche Salzränder zurück. Doch Salzränder sind erst dann problematisch, wenn man sie nicht zügig entfernt: Salz kann mittelfristig dem Leder schaden. Oberflächliches Reinigen bringt nichts, das Salz und der Dreck müssen aus den Schuhen herausgeschwemmt werden. Die Schuhe deshalb sorgfältig mit Schuhshampoo auswaschen. Im Anschluss mit einem Handtuch abtupfen und langsam trocknen lassen. Bei Bedarf wiederholen.

Schuhe trocknen am besten, wenn man die Schnürsenkel entfernt, die Schuhe mit weichen Baumwolltüchern oder Zeitungspapier ausstopft und sie in ein wohltemperiertes Zimmer stellt. Direkte Heizungswärme unbedingt vermeiden, sie schadet dem Leder und macht es brüchig.

Auf einer Absatzhöhe zwischen vier und sechs Zentimetern kann frau ohne Schmerzen den gesamten Tag durchstehen.

Bloß nicht: Schuhcreme aus der Tube

Die meisten Schuhcremes aus der Tube sind nicht empfehlenswert. Diese Produkte enthalten häufig Glanzmittel und weitere Zusatzstoffe. Das ist Chemie, die hochwertigen Schuhen eher schadet als nützt. Deshalb lieber zu teuren Emulsionen oder Wachsen aus Gläsern bzw. Dosen greifen (zwischen 10 und 20 Euro). Die Investition lohnt sich: Wenn man die Produkte, wie empfohlen, nur dünn auf die Schuhe aufträgt, kann man bis zu hundert Paare damit pflegen.

Von farbloser Schuhcreme ist abzuraten

Pflegt man seine dunklen Schuhe mit farbloser Schuhcreme, können weiße oder graue Ränder entstehen. Der Grund: Die in der Creme enthaltenen Wachse werden beim Trocknen wieder hell. Also lieber zu pigmentierten Cremes greifen. Selbst wenn der Schuh schwarz ist und man nur eine dunkelbraune Creme im Haus hat, tut man seinen Schuhen damit den größeren Gefallen.

iny,
shimy,
shimy
boots of
leather

Schuhe nicht auf die Heizung legen

Die trockene Wärme macht das Leder spröde, die Fasern können beim nächsten Tragen reißen. Lieber geduldig sein und die Schuhe ein, zwei Tage bei Raumtemperatur (mit Papier ausgestopft) trocknen lassen.

Schuhe nicht täglich tragen

Teuren Schuhen sollte man mindestens zwei bis drei Tage nach dem Tragen ein wenig Ruhe gönnen. Die vom Körper abgegebene Feuchtigkeit braucht Zeit, um zu entweichen. Nicht nur die Pflege, auch die Ruhezeit mit Schuhspannern (!) verlängert das Schuhleben enorm.

Bloß nicht zu Hausmittelchen greifen!

Auch wenn es im Internet anders steht: Hausmittelchen wie Nivea Creme, Bananenschale oder Waschmittel nützen nichts, sondern schaden dem Leder. Die Schuhe können sogar anfangen zu schimmeln. Bevor man also zu abstrusen Mitteln greift, etwa im Urlaub, lieber die Schuhe vor der Reise noch einmal sorgfältig pflegen. Wird der Schuh während der Reise stumpf, nimmt man eine alte Socke, um ihn damit zu polieren. Meist ist im Leder noch genug Wachs vorhanden, sodass es nach wenigen Minuten wieder glänzt.

Woran erkennt man einen guten Schuh?

Für Laien ist nur schwer erkennbar, ob Schuhe wirklich gut verarbeitet sind. Bei Herrenschuhen und festeren Damenschuhen gilt: Wenn die Sohle mit dem Oberleder vernäht ist, gilt das als Indiz dafür, dass es sich um einen anständigen Schuh handelt.

Gleichzeitig muss ein geklebter Schuh nicht zwingend schlecht sein. Viele Damenschuhe, vor allem Pumps, High Heels oder leichte Sommerschuhe, sind mit einer dünnen Sohle beklebt.

Teuer ist nicht gleich hochwertig

Viele Firmen, die eigentlich Oberbekleidung herstellen, bieten als Beiwerk zu ihren Kollektionen auch Schuhe an. Diese Labels sind jedoch keine Schuhexperten. Oft sind die Modelle günstig produziert, der Markenname bestimmt den Preis. Wer auf Nummer sicher gehen will, kauft seine Schuhe in einem Fachgeschäft und von einem Hersteller, der auf Schuhe spezialisiert ist – bestenfalls seit Generationen.

Die Lebenszeit von rahmengenähten Schuhen beträgt durchschnittlich sieben Jahre!

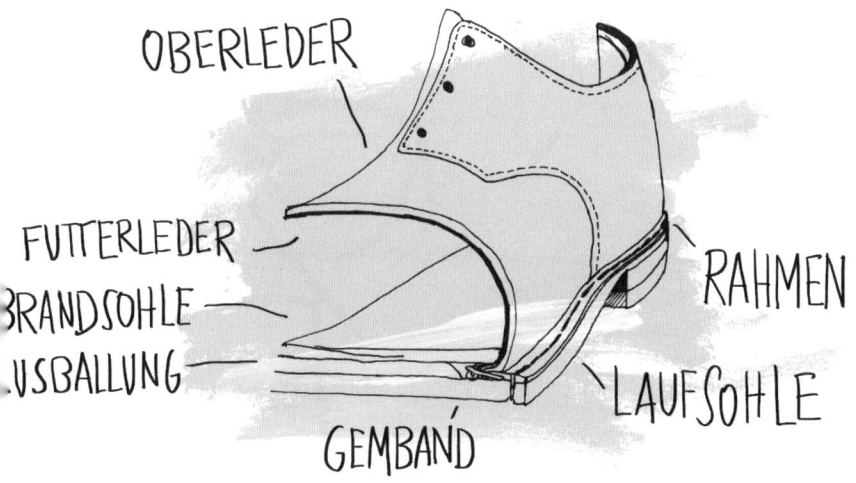

OBERLEDER

FUTTERLEDER

BRANDSOHLE

USBALLUNG

GEMBAND

RAHMEN

LAUFSOHLE

RICHTIG GEBUNDEN

Ein unbestrittener Klassiker unter den Krawattenknoten ist der „Four-in-Hand"-Knoten, auch „einfacher Knoten" genannt. Er passt immer.

1 Krawatte um den Hals legen. Das breite Ende hängt von Ihnen aus gesehen links und fällt rund 30 cm länger hinunter. Über das schmale Ende nach rechts legen.

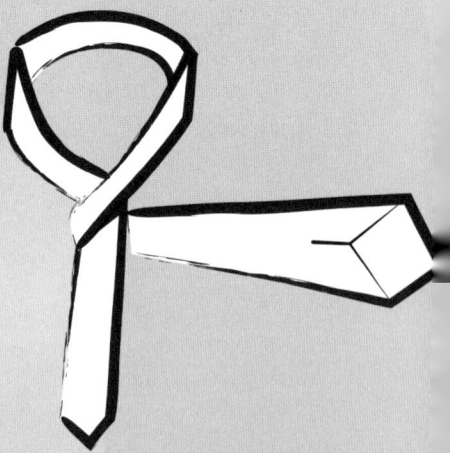

2 Nun das breite Ende unter dem schmalen Ende hindurchführen: Das breite Ende zeigt nach links, die Unterseite nach oben.

3 Das breite Ende wieder über das schmale Ende nach rechts legen und von unten durch die Schlinge am Hals ziehen. In der Mitte ergibt sich über dem schmalen Teil eine Schlaufe …

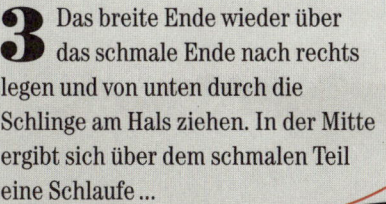

4 … durch diese Schlaufe das breite Ende hindurchführen, festziehen – fertig! Aufpassen, dass sich der Knoten nicht verdreht und das schmale Ende genau hinter dem breiten Ende liegt.

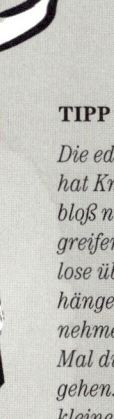

5 Dass der Four-in-Hand-Krawattenknoten leichte Schlagseite hat, ist völlig normal. Nicht zu lang und nicht zu kurz binden: Die Spitze der Krawatte sollte genau auf Höhe der Gürtelschnalle enden. Und bitte niemals in die Hose stecken.

TIPP

Die edle Seidenkrawatte hat Knitterfalten? Jetzt bloß nicht zum Bügeleisen greifen! Den Schlips stattdessen lose über einen Kleiderbügel hängen und mit ins Badezimmer nehmen, wenn Sie das nächste Mal duschen oder in die Wanne gehen. Der Wasserdampf lässt kleine Fältchen im Nu verschwinden.

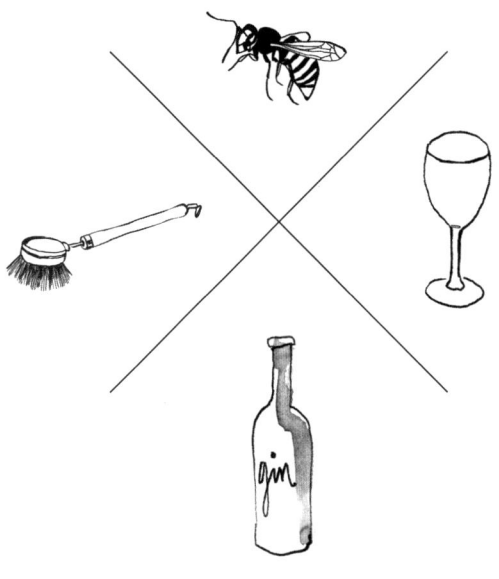

Küche & Lebensart

GESCHIRR, SILBER & CO

In der Küche kann man mehr falsch machen, als man glauben mag. Ob das feine Porzellan und das gute Silber in die Spülmaschine dürfen, wie man Gläser fachgerecht poliert und welche Bedürfnisse Töpfe und Pfannen haben, erläutern unsere Experten.

Das gute Geschirr:
So halten Sie es in Ehren

Darf das gute Geschirr in die Spülmaschine? Oder muss man sich die Mühe machen und es von Hand spülen? Die Experten der Porzellanmanufaktur Meissen wissen mehr.

Was darf in die Spülmaschine?

Ob Geschirr in die Spülmaschine darf, ist keine Frage des Porzellans, sondern des Dekors. Ist das Dekor auf die Glasur aufgetragen (sogenannte Aufglasurfarben), sollte man das Geschirr per Hand abwaschen. Anders bei Unterglasurfarben: Hier befindet sich das Dekor unter der Glasur und ist deshalb weniger empfindlich.

Grundsätzlich unterscheidet man zwischen spülmaschinenfest und spülmaschinengeeignet. Ist ein Geschirr nur spülmaschinen-

geeignet, besteht lediglich die Garantie, dass es nach dem Spülgang nicht gebrauchsunfähig ist. Ein Verschleiß oder Verblassen der Dekorfarbe kann dennoch eintreten. Spülmaschinenfestes Geschirr hingegen darf ohne Bedenken in der Spülmaschine gewaschen werden – und zwar bei jeder Temperatur.

Muss man Teller mit Gold- oder Platinrand per Hand waschen?

Ja! Teller mit solch kostbaren Verschönerungen dürfen niemals in die Spülmaschine und müssen per Hand gereinigt und mit einem feuchten Lappen leicht abgerieben werden. Nicht schrubben!

Das gute Kristall:
So wird es strahlend sauber

Wenn die guten, vielleicht sogar geerb-ten Kristallgläser nicht mehr strahlen, darf man sich schon mal fragen, was man ei-gentlich falsch gemacht hat – beim Glä-serspülen und überhaupt. Wie man mit wertvollen Gläsern fachgerecht umgeht, wissen die Experten vom Traditionshaus Zwiesel Kristallglas.

Die Brillanz eines Kristallglases bringt die Farbe von Wein erst optimal zu Geltung.

Darf ich Kristallgläser in der Spülmaschine reinigen?

Das kommt drauf an, ob die Kristallgläser vom Hersteller als spülmaschinenfest ge-kennzeichnet sind oder nicht.

Für spülmaschinenfeste Gläser gilt: Die Siebeinsätze, Düsen und Spülarme in der Maschine sollten sauber sein. Stets das spe-zielle Gläserprogramm wählen.

Die Spülmitteldosierung hängt von der je-weiligen Wasserhärte ab, die man auf Nach-frage vom Wasserwerk erfährt. Je nach Wasserqualität kann eine Enthärtung, eine Teil- oder eine Vollentsalzung sinnvoll sein.

Bei Verwendung eines Glasreinigers soll-te man das Glas vor Gebrauch mit klarem Wasser abspülen. Nach dem Spülen die Maschine öffnen, damit der Wasserdampf entweicht.

Wie bringe ich milchige, „blinde" Gläser wieder zum Strahlen?

Zwei Faktoren gelten als die Hauptursache für das „Erblinden" von Gläsern: Glaskorrosion und Verkalkung.

Erblinden durch Glaskorrosion: Das bedeutet, dass sich auf der Oberfläche kleine Schäden wie Sprünge und Risse bilden. Sie beeinträchtigen zwar nicht die Haltbarkeit, wohl aber die Optik. Ein durch Korrosion beschädigtes Glas ist meist fleckig und wird nicht mehr klar, so oft man es auch reinigt.

Mittlerweile gibt es bestimmte Gläser, beispielsweise von Schott Zwiesel, die dank eines speziellen Glassatzes nicht erblinden können. Es lohnt sich also, beim Kauf auf Qualität zu achten.

Erblinden durch Verkalkung: Ist das gesamte Glas eingetrübt, kann man davon ausgehen, dass kalkhaltiges Wasser schuld daran ist. Die Kalkablagerungen lassen sich schonend mit handelsüblicher Essig- oder Zitronensäure entfernen. Einfach ein Tuch in der Säure tränken und die Gläser wieder strahlend polieren. Um die Neuverkalkung zu vermeiden, sollte man ein speziell für kalkhaltiges Wasser gedachtes Spülmittel benutzen. Zusätzlich hilft Spülmaschinensalz. Wer vornehmlich mit der Hand spült, kann dem Spülwasser immer einen Schuss Essig beigeben, um Verkalkungen vorzubeugen.

Kristallgläser per Hand polieren

1 Beim Polieren verwendet man Geschirrtücher aus fusselfreiem Material. Reines Leinen ist optimal geeignet. Das Leinentuch sollte ausschließlich zum Polieren benutzt werden, um jegliche Rückstände von Fett zu vermeiden. Wichtig: Das Poliertuch stets ohne Zugabe von Stärke und Weichspüler waschen, damit später keine Schlieren entstehen.

2 Vor allem dünnwandige und mundgeblasene Gläser sollte man getrennt nach Glaskelch und Fuß polieren. Das vermeidet den Bruch. Niemals das Glas am Bodenteller halten und den Kelch polieren. Der dadurch entstehende Druck kann zum Bruch führen.

3 Gläser nicht anhauchen. Der Grund: Wenn sich Staubkörner auf dem Glas befinden, können beim Abreiben mit dem Poliertuch kleine Kratzer entstehen.

4 Ob das Glas nach dem Polieren auch wirklich strahlt, sieht man am besten, indem man es gegen das Licht hält und ein wenig schwenkt.

Das gute Silber:
So pflegt man es richtig

Wie man Silberbesteck fachgerecht behandelt, weiß niemand besser als die traditionsreiche Silbermanufaktur Robbe & Berking. Seit 1874 steht der in fünfter Generation geführte Familienbetrieb für die Herstellung von erstklassigen Silberbestecken. Seine Anfänge hatte das Unternehmen in einer kleinen Flensburger Werkstatt. Heute zählt Robbe & Berking zu den Weltmarktführern und beliefert vom Königshaus bis zum Sterne-Restaurant die feinsten Adressen der Welt.

Das Motto von Firmengründer Nicolaus Christoph Robbe gilt noch immer: „Andere mögen es billiger machen, aber keiner darf es besser machen als wir."

Silberbesteck fachgerecht reinigen und polieren

Silber poliert man mit einem speziellen Poliertuch. Allerdings: Beim Polieren wird eine dünne Silberschicht abgetragen. Deshalb stets vorsichtig vorgehen. Politur und Poliertuch im Fachgeschäft kaufen.

Tragen Sie zuerst mit einem weichen Tuch oder Schwamm die Politur auf. Reiben Sie das Besteck vorsichtig, aber gründlich mit einer gleichmäßigen Bewegung in Längsrichtung ab.

Für Zierbesatz oder Zierränder kann man eine kleine Bürste (ähnlich einer weichen Zahnbürste mit natürlichen Borsten) verwenden.

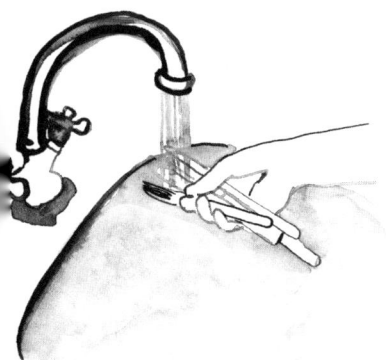

Im Anschluss das Silber in leichtem Seifenwasser waschen und die Politur vollständig entfernen. Gründlich in warmem Wasser nachspülen, gut abtrocknen und mit einem weichen Tuch noch einmal sanft nachpolieren.

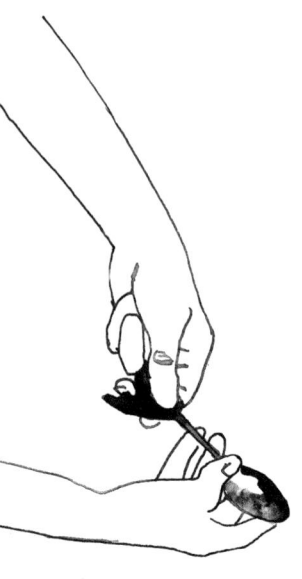

Nach dem Spülgang die Tür der Maschine weit öffnen. So kann der Wasserdunst entweichen; das Besteck läuft weniger schnell an. Wer sein Silberbesteck zusätzlich abtrocknet, tut ihm einen noch größeren Gefallen. An der Luft sollte man Silber jedoch niemals trocknen lassen, sonst gibt es unschöne Wasserflecken.

Silber mit Verzierung

Einige Silbergegenstände haben tieferliegende Verzierungen, auch Dekore genannt, die absichtlich geschwärzt wurden. Hier ist besondere Vorsicht geboten, da die schwarze Färbung durch übermäßiges Polieren entfernt werden kann.

Tauchbäder? Vorsicht, aggressiv!

Viele Tauchbäder, die zur Silberpflege angeboten werden, enthalten sehr aggressive Chemikalien, teilweise sogar giftige Substanzen. Messerklingen können schlimmstenfalls ihren Glanz verlieren und blind werden. Lieber eine gute Silberpolitur verwenden. Das ist zwar etwas aufwendiger, weil man jedes Teil einzeln polieren muss, dafür aber erheblich materialschonender.

No-Go: Aluminium und Salz

Die Silberreinigung mit Alufolie, Salz und Wasser ist ein weitverbreitetes Hausmittel, von dem man nur abraten kann. Wer sein Silberbesteck auf diese Weise reinigt, läuft Gefahr, es dauerhaft zu beschädigen.

Darf Silberbesteck in die Spülmaschine?

Jein. Es kommt darauf an, aus welcher Zeit das Silberbesteck stammt. Silberbesteck, das etwa ab den achtziger Jahren und später hergestellt wurde, darf in der Regel in die Spülmaschine, egal, ob es sich um Sterlingsilber oder um Silber mit Auflage handelt. Allerdings sollte man das Spülmittel sparsam dosieren; meist reicht die Hälfte oder ein Drittel der empfohlenen Menge. Älteres Silberbesteck, das aus zwei Elementen zusammengesetzt ist, zum Beispiel

Messer oder Tranchiergabeln, sollte hingegen nicht in die Spülmaschine. Der Grund: Die Materialien, die zu früheren Zeiten in die Griffe gefüllt wurden, reagieren empfindlich auf Hitze. Deshalb immer per Hand spülen.

Wie bewahre ich Silberbesteck am besten auf?

Flanell-Rolltaschen und gefütterte Besteck- oder Schmuckkästen sind zum Aufbewahren von Silber am besten geeignet.

Achten Sie darauf, dass die Umgebung absolut trocken ist, damit das Silber nicht so schnell anläuft.

In einer Umgebung mit hoher Luftfeuchtigkeit kann man ein Säckchen mit Trockenkristallen (zum Beispiel ein Kieselgel-Säckchen) dazulegen.

Silberbesteck benutzen statt schonen

Ein hochwertiges Silberbesteck ist das Schmuckstück jeder Tafel. Doch man sollte es nicht nur zu festlichen Anlässen decken. Denn: Der beste Schutz gegen das Anlaufen von Silber ist der regelmäßige Gebrauch.

Weil einige Lebensmittelbestandteile aggressiv auf das Material einwirken können, sollte man sein Silberbesteck gleich nach dem Gebrauch abspülen. So läuft es weniger schnell an, und die Klingen nehmen keinen Schaden.

Töpfe und Pfannen richtig reinigen

Wer hochwertiges Kochgeschirr gut behandelt, kann es meist ein Leben lang benutzen. Die Pflege-Tipps auf den folgenden Seiten stammen unter anderem von WMF, Le Creuset, Riess und Manufactum.

Edelstahlpfannen

Gute Edelstahlpfannen sind pflegeleicht. Zur Reinigung reichen meistens heißes Wasser und Spüli. Einige Edelstahlpfannen dürfen auch in die Spülmaschine – hier sollte man auf die Angaben des Herstellers achten.

Unbeschichtete Töpfe

Möglichst bald nach dem Gebrauch reinigen. Festsitzende Speisereste mit warmem Wasser aufweichen und mit einem Schwamm oder einer weichen Bürste entfernen. Stahlwolle und sandhaltige Scheuermittel meiden. Kalkflecken oder blaue Verfärbungen lassen sich durch Auskochen mit Essig entfernen. Stets gut abgetrocknet aufbewahren.

EDELSTAHL   BESCHICHTET

Antihaftversiegelte bzw. beschichtete Pfannen

Antihaftversiegelte bzw. beschichtete Pfannen nach dem Gebrauch abkühlen lassen. Dann mit Küchenpapier ausreiben. Anschließend mit einem milden Pflegemittel von Hand spülen. Nicht in die Spülmaschine stellen: Die modernen Kompaktspülmittel können die Beschichtung beschädigen. Nach der Reinigung gelegentlich mit Speiseöl leicht einfetten.

Gusseisen mit Emaillebeschichtung

Kochgeschirr aus Gusseisen verfügt in den allermeisten Fällen über eine Emaillebeschichtung. Von der Spülmaschine sollte man dieses schwere Kochgeschirr allerdings fernhalten. Mit einem Handspülmittel und einen weichen Haushaltsschwamm erzielt man wunderbare Ergebnisse.

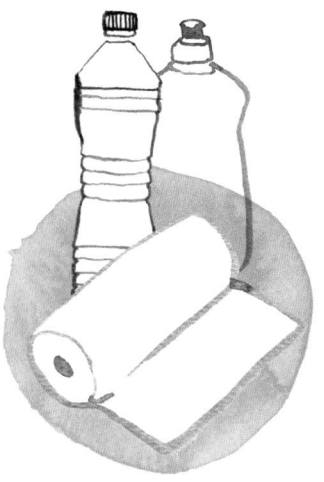

Stahlschwämme oder scharfe Reinigungsmittel haben hier nichts zu suchen, da sie die Emaillierung beschädigen können. Bei hartnäckiger Verschmutzung 20 Minuten in warmem Wasser einweichen, gegebenenfalls eine Spülbürste mit Nylonborsten zu Hilfe nehmen. Wichtig: Absolut trocken und an einem gut belüfteten Ort lagern (fernab von Wasserdampf!), um Rost zu vermeiden.

GUSSEISEN

Darf ich gusseisernes Kochgeschirr verwenden, obwohl es rostige Stellen hat?

Gusseisernes Kochgeschirr kann man in der Regel weiterhin benutzen, auch wenn die Emaillierung abgesprungen ist oder das Produkt rostet. Bei Rost handelt es sich um oxidiertes Eisen. Eisen wiederum ist ein natürliches Element unseres Körpers. Allergiker sollten sich vorsichtshalber beim Hersteller erkundigen. Der französische Luxushersteller Le Creuset empfiehlt, rostige Stellen mit etwas Öl einzureiben.

Spezialkochgeschirr

Tipp von WMF: Spezialkochgeschirr nach der Benutzung unter fließendem Wasser reinigen. Dichtungsring aus dem Deckel lösen und von Hand spülen. Topf, Deckel und Einsätze können in der Spülmaschine gereinigt werden. Rückstände nicht abkratzen, sondern einweichen.

Bei Kalkansatz mit Essigwasser auskochen. Topfboden ebenfalls regelmäßig reinigen. Legen Sie den Deckel nach der Reinigung umgekehrt auf den Topf. Dichtungsring separat aufbewahren, um ihn zu schonen.

Eisenpfannen reinigen

Obwohl sie so robust aussehen, sind Eisenpfannen recht aufwendig in der Pflege und verursachen wahre Glaubenskriege. Wir halten uns hier an die Tipps aus dem Hause Manufactum:

Eisenpfannen nicht in die Spülmaschine stellen, sondern per Hand säubern: Kräftig mit Papier oder einem Haushaltstuch aus-

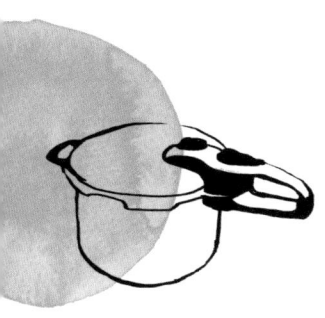

Lassen Sie sich für jedes Kochgeschirr eine detaillierte Gebrauchsanweisung des Herstellers geben. Wenn Sie sich daran halten, sind Sie auf der sicheren Seite – auch bezüglich der Garantieansprüche.

reiben, um die Fettschicht zu erhalten und die Pfanne vor Rost zu schützen.

Bei sehr starker Verschmutzung mit Salz und warmem Wasser reinigen. Anschließend auf einer warmen Herdplatte trocknen lassen und mit Speisefett einreiben.

Wenn sich Roststellen in der Eisenpfanne bilden, mit Scheuermittel bearbeiten. Nach der Reinigung die betroffenen Stellen leicht einfetten.

Eisenpfanne einbraten

Manufactum empfiehlt, die Pfanne vor dem allerersten Gebrauch mit Soda oder Spüli unter heißem Wasser gründlich abzuspülen. Anschließend Fett und rohe, mit reichlich Salz bestreute Kartoffelschalen oder Kartoffelscheiben in die Pfanne geben und bei hoher Hitze sehr heiß einbraten.

Anfangs großzügig Fett verwenden, damit sich die poröse Struktur der Pfanne vollsaugen kann. Ist die Pfanne eingebraten, benötigt man weniger Fett als üblich.

Generell gilt: Die Eisenpfanne vor jeder Verwendung zunächst trocken erhitzen, dann Fett hineingeben; jedoch nicht allzu lange ohne Inhalt erhitzen.

EISEN

KUPFER

Kochgeschirr aus Kupfer

Traditionelles Kochgeschirr aus Kupfer kommt wieder ganz groß raus, auch deshalb, weil es besonders schnell und gleichmäßig heiß wird. Man sollte es jedoch nicht der Spülmaschine überlassen, sondern per Hand reinigen.

Das Material ist relativ weich und bekommt schnell Kratzer, deshalb nur weiche Schwämme verwenden. Beim Erhitzen nimmt Kupfer verschiedene Farbtöne an und entwickelt mit der Zeit eine Patina.

TIPP

Schwarze Spuren auf Emaille entstehen oft durch den Metallabrieb von Edelstahlbesteck. Hier schaffen eine milde Scheuermilch oder ein Spezialreiniger Abhilfe.

Pflegetipp von Manufactum: Um die Oberfläche zum Glänzen zu bringen, einfach ein Kupferpflegemittel aus dem Fachhandel verwenden.

Kochgeschirr aus Emaille

Neben Kupfer ist auch Emaille auf dem besten Weg, die Küchen der Trendsetter und Koch-Bohème zurückzuerobern. Bereits seit 1550 erzeugt die österreichische Firma Riess hochwertiges Kochgeschirr und ist seit 1922 auf Emailleprodukte spezialisiert. Ihre Empfehlung lautet: Riess-Geschirr ist zwar für den Geschirrspüler im schonenden Gläserprogramm geeignet, doch nur mit Hilfe der manuellen Reinigung erhält man den „leuchtenden Glanz bis in die nächste Generation".

Zur Reinigung das noch warme Emaillegeschirr nach dem Kochen mit Wasser befüllen und einweichen. Anschließend lassen sich die Speisereste meist mühelos entfernen. Extrem festsitzende oder angebrannte Speisereste kurz mit Wasser und Spülmittel aufkochen; dann mit der glatten Seite des Putzschwamms oder einer weichen Bürste vorsichtig säubern. Scheuercremes sind erlaubt, zu harte Putzhilfen wie Drahtbürsten, Stahlwolle, sandhaltige Scheuermittel und Putzschwämme mit Keramikpartikeln sollte man nicht verwenden.

Selbst wenn die Oberfläche irgendwann Kratzspuren aufweist, kann man das Geschirr bedenkenlos weiterverwenden.

99

Emaillegeschirr ist bei sorgsamer Behandlung extrem langlebig und wird zum Erbstück für Generationen.
Traditionsfirma Riess aus Österreich

EMAILLE

Die Wespen kommen

Ein Wundermittel, um Wespen zu vertreiben, gibt es nicht. Damit Mensch und Wespe dennoch friedlich nebeneinander leben, können diese Maßnahmen helfen...

1 Ruhe bewahren! Erwachsene haben Vorbildfunktion: Wenn die Großen nicht mit den Armen fuchteln oder hysterisch kreischen, bleiben auch die Kleinen ruhig. Klebrige Hände und Schoko- oder Eismünder stets mit einem feuchten Tuch abwischen. Cola und Säfte aus dünnen Strohhalmen trinken.

2 Ablenkung: In einiger Entfernung eine Schale mit überreifen Weintrauben platzieren, um die Wespen vom Esstisch wegzuleiten. Nachteil: Die neue Nahrungsquelle „spricht sich herum" und lockt weitere Wespen an. Aufwendig, aber sinnvoll: Essen und Getränke sofort verschließen und abdecken bzw. vom Tisch wegräumen.

3 Wespen niemals erschlagen und keine Wespenfallen mit süßen Flüssigkeiten aufstellen. Der Grund: Sterbende Wespen geben ein Pheromon ab, das Artgenossen anlockt und in Angriffshaltung versetzt. Unbedingt Abstand vom Wespennest halten; dort ist die Bereitschaft zu stechen besonders groß. Wichtig: Wenn eine Wespe in den Kopf-, Hals- oder Mundbereich gestochen hat oder eine Wespenallergie vorliegt, sofort den Notarzt rufen.

BZZ

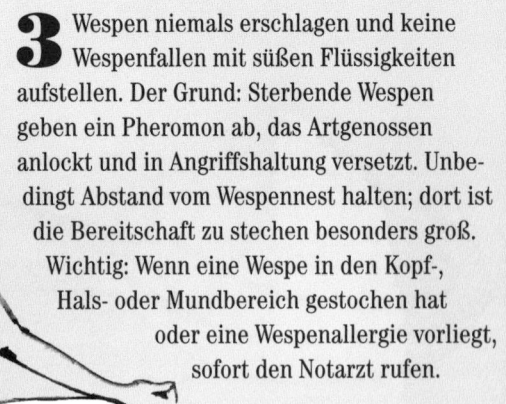

Fruchtfliegen-Alarm

Wenn die Temperaturen steigen, haben
Fruchtfliegen Hochsaison. In Küchen fühlen sie sich ganz besonders wohl. Um die
lästigen Tierchen loszuwerden, gibt es folgende Hausmittel...

1 Küche aufräumen und auf absolute Super-
sauberkeit achten! Man entzieht Fruchtfliegen die Nahrung, indem man Obst, Säfte,
Alkohol, Essig, Leergut und benutztes Geschirr
niemals offen stehen lässt und den Mülleimer
täglich leert.

2 Wer Hemmungen hat, die kleinen Tierchen zu töten, kann versuchen, sie lebend
zu fangen. Tierschützer empfehlen, eine Bananenschale in eine offene Plastiktüte zu legen
und einige Stunden abzuwarten. Dann die Tüte
samt den darin versammelten Fruchtfliegen
zubinden und aus dem Haus tragen. Fazit: Ist
einen Versuch wert.

3 Wer jedoch angesichts der überpräsen-
ten Fruchtfliegen eine gewisse Mordlust
verspürt, sollte Folgendes tun: Ein Gemisch aus
halb Essig, halb Wasser in ein Glas füllen und
mit einem Spritzer Spüli verrühren. Alufolie
über das Glas stülpen, mit der Gabel reichlich
Löcher in die Folie drücken, fertig ist die Falle.
Die Erfolgsaussichten sind großartig: Essig
lockt die Fruchtfliegen an, Spülmittel macht
die Oberflächenspannung zunichte. Die Fliegen
ertrinken.

WEIN-WISSEN: EIN GUTER TROPFEN

Für viele Genuss, für manche ein Mysterium: Wein. Gerade bei der Frage, welcher Wein zu welchem Gericht passt, macht sich Unsicherheit breit. Das Internet bietet allerlei widersprüchliche Weisheiten, und die altbekannten Faustregeln gelten längst nicht mehr. Um ein wenig Licht ins Dunkel zu bringen, haben wir jemanden gefragt, der wirklich etwas von Wein versteht: Tim Raues Sommelier André Macionga.

André Macionga, Sommelier im Sterne-Restaurant von Tim Raue

Er gehört laut *Frankfurter Allgemeine Zeitung* zu den besten Sommeliers des Landes. Und er hat die nicht ganz leichte Aufgabe, Tim Raues asiatisch inspirierte Sterne-Küche mit Wein zu begleiten. Eine Aufgabe, die er meisterlich löst: Die Rede ist von André Macionga (*1984).

Seit mehr als zehn Jahren ist Macionga mit der Familie Raue gastronomisch verbunden. Er folgte dem Sternekoch von Station zu Station und beschäftigt sich nun, im Restaurant Tim Raue in Berlin-Kreuzberg, rund um die Uhr mit gutem Essen und den dazu passenden Getränken. Rund 1400 Weine und Champagner umfasst seine Karte. Dabei hat der gefeierte Weinvirtuose (u.a. Sommelier des Jahres) keine klassische Sommelier-Ausbildung gemacht, sondern sich stattessen, wie er sagt, „in das Thema hineingetrunken". Kurzum: André Macionga ist mit einem tiefen Weinwissen und -verständnis gesegnet, das auch international seinesgleichen sucht.

Welchen Wein reicht man zu Fleisch?

Die bekannte Regel „zu Fleisch trinkt man Rotwein" ist veraltet. Profis stimmen die Weinbegleitung sowieso nicht nur auf das Grundaroma des Fleisches ab, sondern auch auf die Beilagen. Laien kann man generell raten: Bei geschmorten Fleischgerichten Rotwein wählen. Besteht das Gericht aus einem kurz gebratenen Steak mit Salat oder aus hellem Fleisch, passt auch ein reifer, oxidativer Weißwein.

Was trinkt man zu Fisch?

Diese Regel kann sich jeder merken: Zu Fisch empfiehlt sich stets ein Weißwein oder wahlweise ein reifer Champagner. Rotwein wäre meist viel zu schwer für das zarte Produkt und würde es erdrücken.

Was passt zu scharfem Essen?

Bei scharfem Essen sind fruchtige Weine mit einer gewissen Restsüße perfekt. Der relativ hohe Anteil an Zucker ist ein schöner Ausgleich zur Schärfe. Eine alte Riesling Spätlese oder ein guter Vouvray von der Loire empfehlen sich besonders.

Was trinkt man zu süßem Essen?

Zum Dessert sollte man grundsätzlich einen süßen Dessertwein reichen. Handelt es sich beispielsweise um eine karamellige Nachspeise, passt ein edelsüßer Wein. Bei frischen, frühlingshaften Desserts (beispielsweise mit Apfel- oder Birnen-Komponenten) sollte man einen Dessertwein mit ähnlichen Aromen aussuchen. Empfehlenswert: eine Riesling Auslese.

**DER SOMMELIER
EMPFIEHLT**

*Am besten, man
entscheidet sich,
noch bevor man zum
Kochlöffel greift, auf
welchen Wein man
Lust hat.*

*Probieren Sie vorab
den Wein, versuchen
Sie die Aromen her-
auszuschmecken, und
wählen Sie ein dazu
passendes Gericht.*

*Es ist von Vorteil,
wenn man sowohl
das Gericht, das man
kochen möchte, als
auch den Wein,
den man trinken will,
in ihrer jeweiligen
Aromenstruktur
gut kennt.*

Welcher Wein passt zum Käseteller?

Anders, als die meisten denken, passt ein Weißwein aromatisch gesehen sehr viel besser zum Käse als ein Rotwein. Besonders die gereiften Weißweine, wie der aus dem Jura stammende Vin Muté, aber auch alte Riesling Auslesen oder ein reifer Champagner eignen sich hervorragend als Begleitung zum Käse.

Wann trinkt man Rosé?

Rosé-Weine sind in der Regel fruchtig und leicht. Daher kann man sie wunderbar im Sommer genießen – als gut gekühlte Erfrischung, ohne dass man unbedingt dazu essen müsste. Aber auch zu einem leichten Lunch ist ein Rosé eine schöne Alternative.

Wie kann man zu Hause entscheiden, welcher Wein zu welchem Gericht passt?

Grundsätzlich empfiehlt es sich, mit Gegenkomponenten zu arbeiten: Kocht man etwas Fettiges oder aromatisch Kraftvolles, bietet sich ein Wein mit holzig-cremigen Tönen an. Besitzt ein Gang wiederum eine leichte Süße, sollte der Wein über eine leichte Säure verfügen. Doch Vorsicht: Diese Gegenkomponenten-Regel gilt nur für Vorspeisen, Zwischen- und Hauptgerichte. Beim Dessert gelten andere Bedingungen (siehe Seite 77).

Wie sollten Wein und Champagner temperiert werden?

Bei einem Champagner ist die handelsübliche Kühlschranktemperatur vollkommen ausreichend. Rotwein sollte man nicht zu warm trinken, das zerstört den Wein. Weißwein wiederum nicht zu kühl temperieren: Bei zu starker Kühlung kann man die Aromen kaum noch schmecken.

Wichtig: Entgegen der weitverbreiteten Annahme sollte Rotwein nicht bei Raumtemperatur – beispielsweise in der Küche – gelagert werden. Hier schwankt die Temperatur ständig, etwa durch Heizungsluft oder Sonnenstrahlen, was für den Wein schädlich ist. Die optimale Temperierung für Rotwein liegt bei 10–14 °C. Wenn der Keller trocken und die Temperatur stabil ist und nur wenig Licht in den Raum fällt (Licht bedeutet Wärme), lagert man den Rotwein am besten im Keller.

Tipp: Sowohl Weißwein als auch Rotwein eine Spur kühler temperieren und bei normaler Zimmertemperatur wärmer werden

WIE KÜHLE ICH EINEN WEIN SCHNELLSTMÖGLICH HERUNTER?

Man braucht einen großen Behälter, zum Beispiel einen Weinkühler, und füllt ihn mit Wasser und viel (!) Eis. Dem Eiswasser ein paar Esslöffel Salz beigeben, um die Gefriertemperatur zu senken. In diesem salzigen Eiswasser wird die Flasche blitzschnell heruntergekühlt. Der Effekt hält etwa 20 Minuten an, bis sich das Eis vollständig aufgelöst hat. Achtung! Ruckartiges Herunterkühlen von qualitativ hochwertigen Weinen ist nicht ratsam, denn der Temperatursprung kann die Struktur des Weins verändern.

lassen. So erwischt man die optimale Trink-
temperatur. Es ist naturgemäß schwieriger,
einen zu warmen Wein wieder kühl zu temperieren als umgekehrt.

Welche Trinkabfolge ist perfekt?

Hier gilt die Faustregel: Von elegant nach
kraftvoll. Also: Schaumwein – Weißwein –
Rotwein – Süßwein.

Selbstverständlich ist die Trinkabfolge abhängig vom jeweiligen Menü. Hat man als
Vorspeise beispielsweise eine Entenbrust
(zu der ein Rotwein passen könnte) und als
Hauptspeise einen Fisch, ist es sinnvoll, bei
dem dunklen Geflügel dennoch mit einem
reifen Weißwein oder Sherry zu starten und
zum Hauptgang ebenfalls Weißwein zu servieren.

Man sollte während eines Menüs nicht von
Rotwein auf Weißwein wechseln, weil diese Abfolge den Gaumen überfordern kann.

CHAMPAGNER WEISSWEIN ROTWEIN

Welches Glas zu welchem Wein?

Jeder Wein hat seinen eigenen Charakter. Deswegen braucht jeder Wein seinen eigenen Glastyp. Das ist für den Nicht-Profi kaum zu bewältigen. Deshalb gilt: Junge, frische, schlanke Weine trinkt man aus schlanken Gläsern. Allerdings sollte man auch beim Weißwein auf allzu schlanke, hohe Gläser verzichten: In ihnen kann sich das Aroma kaum entfalten. Kraftvolle, breit ausgebaute Weine serviert man stets in runden, offenen Gläsern, sodass sich der Wein im Glas zur Ruhe setzen kann.

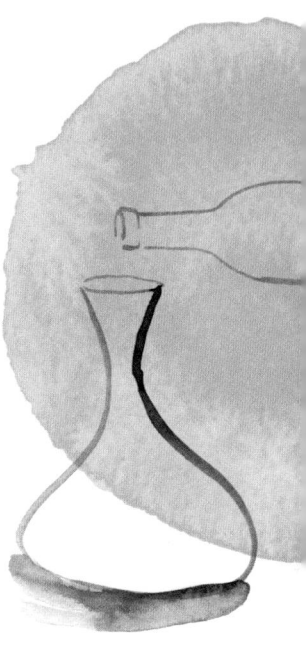

Welches Glas zum Champagner?

Während man in den zwanziger und neunziger Jahren Champagner in randvoll gefüllten, offenen Kelchen serviert hat, bekommt man ihn heute häufig in sehr schmalen, hohen Flöten. Beides ist eigentlich ungünstig. Ein Champagner wird am besten in einem etwas bauchigeren, hohen Weißweinglas serviert.

Dekantieren: Ja oder nein?

Ob man den Wein dekantieren sollte oder nicht, entscheidet der Wein selbst. Handelt es sich etwa um einen hochwertigen, relativ jungen, kraftvollen Rot- oder Weißwein, ist es immer empfehlenswert, einen Dekanter zu verwenden – auch bei Weißwein. Warum? Vor allem junge Weine sind in ihren Aromen zu Beginn noch etwas zurückhaltend. Gibt man ihnen genügend Sauerstoff, können sie zügig ihr ganzes Aromenbild entfalten.

Rotweinen, die ganz besonders reif und alt sind, sollte man jedoch nur wenig Sauer-

stoff geben und sie nicht aus dem Dekanter servieren. Der Sauerstoff stiehlt den alten Weinen ihre Primärfrucht, und sie können unangenehme Essigaromen entwickeln.

Unkomplizierte, sommerliche Weißweine braucht man nicht zu dekantieren. Diese bewusst frischen Weine besitzen nicht sehr viele Aromen.

Woran erkenne ich guten Wein?

Man macht nichts falsch, wenn man sich an bekannte Winzer-Namen hält: Jochen Dreissigacker, Horst Sauer oder Eva Fricke produzieren seit Jahren zuverlässig hervorragende Weine. Hier gilt: Gute Winzer machen keinen schlechten Wein, egal in welchem Preissegment. Man kann bei einem solchen Winzer einfach den Gutswein (kostet meist zwischen 5 und 7 Euro) wählen, dann hat man schon einen vernünftigen Tropfen im Glas.

Warum riecht man an einem Wein? Was sagt der Duft über die Qualität aus?

Gerade der Duft junger Weine lässt erahnen, was am Gaumen folgt. Kenner können Qualität bereits in der Nase wahrnehmen, denn die Grundaromen spiegeln sich im Duft wider. Allerdings geht es lediglich darum, vorab eine Vorstellung zu bekommen. Wer sich als Weinliebhaber versteht, dem bereitet das Duft- und Genussspiel schlicht Freude.

WAS TRINKT MAN ZU EINEM FESTLICHEN ANLASS?

Hier gibt es keine Faustregel, aber diese guten Tropfen gehen immer: Alte Rioja, alte Bordeaux-Weine, Champagner, kräftige Rieslinge. Doch das Wichtigste: Wenn es etwas zu feiern gibt, trinken Sie einfach, was Ihnen am besten schmeckt.

Aus welchem Land kommen die besten Weine?

Aus Deutschland und Österreich stammen hervorragende Weißweine wie der Riesling. Aus Spanien kommen kraftvolle Rotweine wie der Rioja. Der Norden Italiens ist berühmt für seine eleganten Weine, zum Beispiel den Barolo. Ein Bordeaux aus Frankreich ist immer eine gute Wahl, wenn man bereit ist, etwas mehr Geld auszugeben. Die wohl komplexesten Weine, sowohl rote als auch weiße, stammen aus dem Burgund.

Bekomme ich auch im Supermarkt einen guten Wein?

Seit einigen Jahren findet man in bestimmten Supermärkten sehr gute Weine. Die sind aber in der Regel nicht günstiger als anderswo. Wer Weine für zwei oder drei Euro kauft, kann davon ausgehen, dass er keine hohe Qualität bekommt. Unerfahrene Weintrinker werden das vielleicht nicht schmecken, alle anderen schon.

Muss guter Wein teuer sein?

Nein. Guter Wein muss nur gut ausgesucht sein. Zwar hat Qualität ihren Preis, das heißt aber nicht, dass eine hochwertige Flasche Wein mehrere Hundert Euro kosten muss.

Der perfekte Aperitif?
Der perfekte Digestif?

Die Wahl des Aperitifs bzw. Digestifs ist abhängig von der Jahreszeit. Im Sommer ist ein Cidre aus der Normandie ein wunderbarer Aperitif. Von diesem Apfelschaumwein darf man wegen des geringen Alkoholgehalts auch ein Gläschen mehr trinken. Das restliche Jahr passen als Klassiker ein Champagner oder ein anderer guter Schaumwein. Ebenfalls machbar: Das Menü mit einem leichten Sake starten.

Als Digestif eignet sich ein kraftvoller Rum hervorragend. Im Sommer sind feine Fruchtbrände toll. Am besten, man wählt hier jeweils nach den Spezialitäten der Region.

Warum Wasser zum Wein?

Das hat zwei Gründe: Erstens, um den Gaumen zu neutralisieren und so für den Folgewein vorzubereiten. Zweitens, um nach der ersten Flasche nicht singend unter dem Tisch zu liegen. (Was gegen einen Kater hilft, erfahren Sie auf Seite 132.)

AUSTERN RICHTIG ÖFFNEN

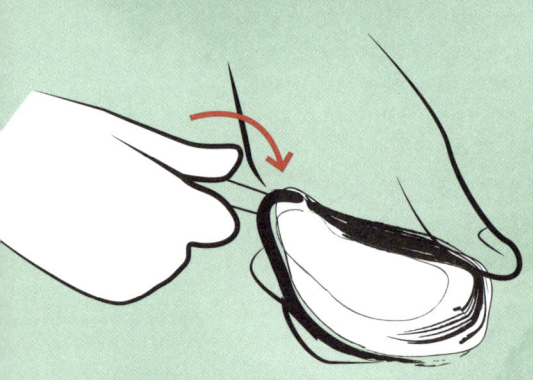

1 Austernmesser bereitlegen. Mit einem dicken Handtuch oder Kettenhandschuh die Hände schützen und die Auster so festhalten, dass die bauchige Schale unten liegt. Am spitzen Teil der Muschel das Austernmesser ansetzen und einführen.

2 Durch eine leichte Bewegung mit dem Austernmesser lässt sich die Schale spreizen. Die Auster sollte stets waagerecht liegen, damit das Wasser nicht ausläuft.

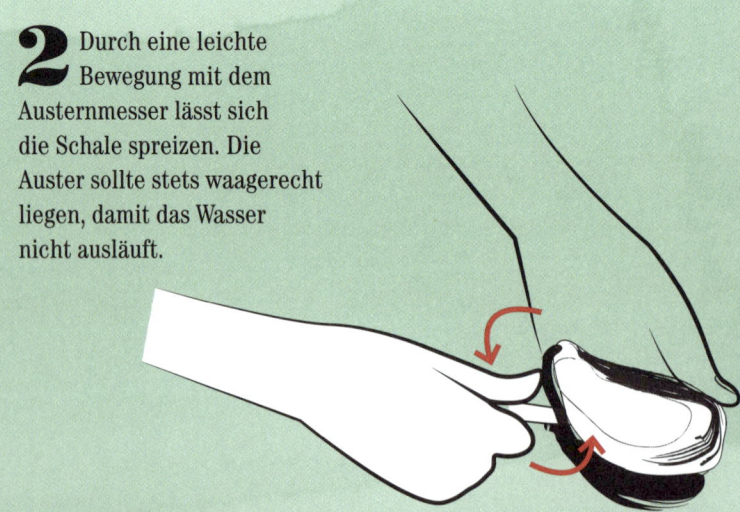

3 Nun mit dem Austernmesser den Rand ent-
langfahren und den oberen
Schließmuskel, der die beiden
Hälften zusammenhält,
durchtrennen. Das Frucht-
fleisch dabei möglichst nicht
verletzen. Dann die obere
Schale entfernen.

4 Wer das Muschelfleisch
komplett aus der
Schale lösen will, nimmt
abermals das Messer zu
Hilfe, um auch den unteren
Muskel zu durchtrennen.

5 Klassischerweise
genießt man Aus-
tern mit einem Spritzer
Zitrone. Nur von Lothar
Matthäus hört man, dass
er sie am liebsten mit
Ketchup verzehrt.
Sei's drum.

HUMMER RICHTIG ZERTEILEN

Wenn Sie zu Hause einen Hummer gekocht haben, aber kein spezielles Werkzeug besitzen, zerteilen Sie ihn folgendermaßen:

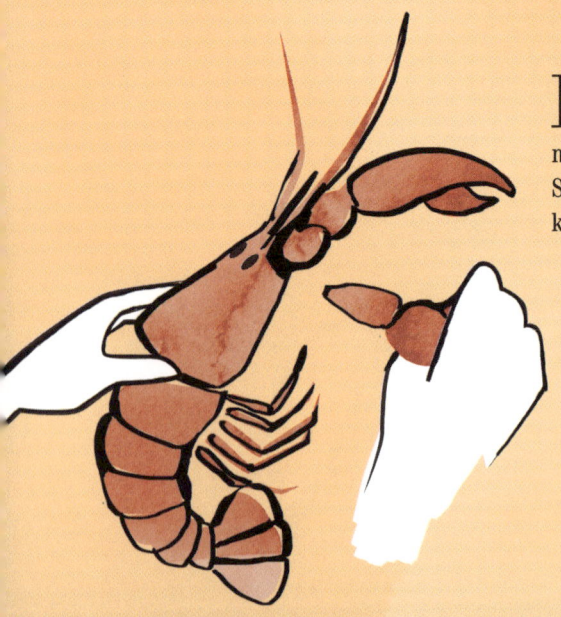

1 Den Hummer fest in eine Hand nehmen und mit der anderen die beiden Scheren nahe am Hummerkörper abdrehen.

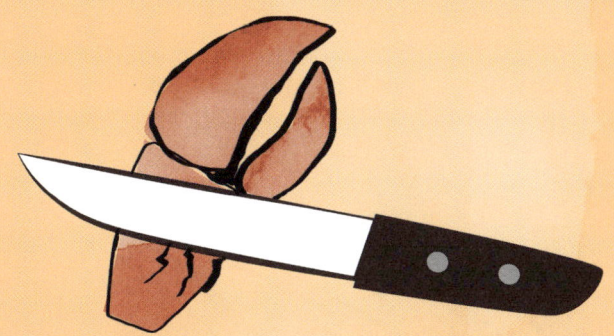

2 Mit einem schweren, scharfen Messer die Hummerscheren etwa einen Zentimeter oberhalb der Kneifer durchschneiden. Das Fleisch nun per Hand aus den Scheren ziehen.

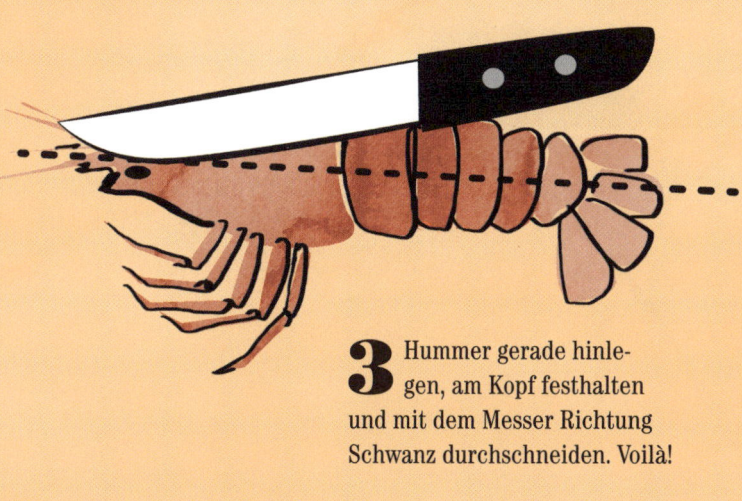

3 Hummer gerade hinlegen, am Kopf festhalten und mit dem Messer Richtung Schwanz durchschneiden. Voilà!

HUMMERGABEL

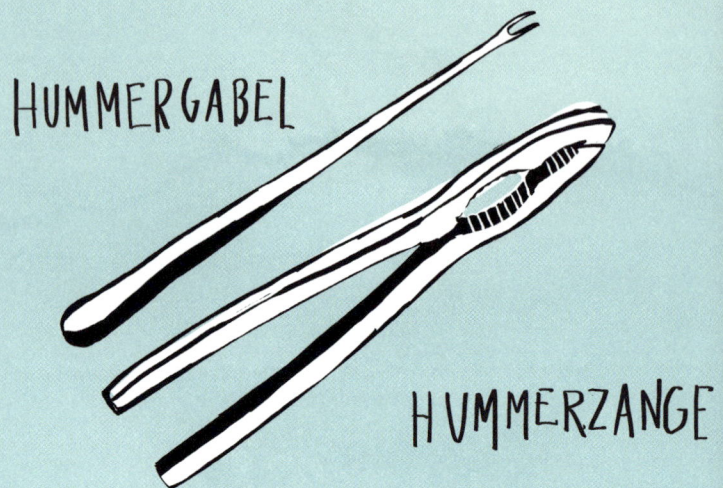

HUMMERZANGE

HUMMER RICHTIG ESSEN

WASSER MIT ZITRONE

SERVIETTE

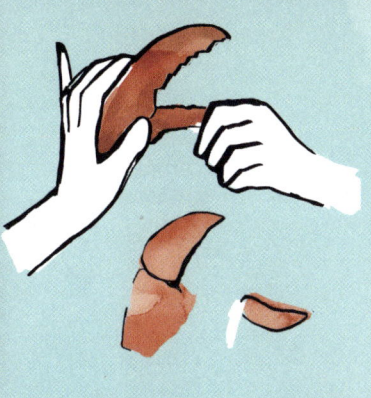

1 Beim Hummeressen darf man sogar im Restaurant die Hände zu Hilfe nehmen. Zunächst die Schere aufbrechen …

2 … und dann mit der Hummergabel das Fleisch aus der Schere ziehen.

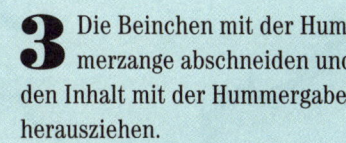

3 Die Beinchen mit der Hummerzange abschneiden und den Inhalt mit der Hummergabel herausziehen.

4 Das Fleisch mit der Hummergabel lösen und mit Messer und Gabel essen. Wer will: Hummerleber hauchdünn auf eine Scheibe Brot streichen.

HUMMERLEBER

DRINKS FÜR ALLE FÄLLE

Arnd Heißen, Star der deutschen Bar-Szene, erklärt, mit welchen Drinks man wunderbar durchs Leben kommt – und wie man sie richtig mixt.

DER FACHMANN

Arnd Heißen, Barchef im Ritz-Carlton, Berlin

Arnd Heißen (*1982 in Ingolstadt) verbrachte seine Kindheit an verschiedenen Orten der Welt, von den USA bis Lettland, von der Türkei bis Österreich. Die Presse nennt Heißen den „Alchemisten", und tatsächlich beherrscht er das Spiel mit den Aromen wie kaum ein Zweiter seines Fachs. Heißen startete seine Karriere im Frankfurter Clubleben, bevor er im Hotel Main Plaza Frankfurt in die Lehre ging und in der hoteleigenen Harry's New York Bar sämtliche Geheimnisse der gehobenen Barkultur erlernte. 2008 wurde er Barmanger in Tim Raues Shochu Bar im Berliner Hotel Adlon. Seitdem begeistert er die Gäste der Hauptstadt mit seinen ungewöhlichen Kreationen: 2011 wechselte er ins Ritz-Carlton, Berlin am Potsdamer Platz. Dort drückt Heißen gleich zwei Bars seinen unverwechselbaren Stempel auf. The Curtain Club wurde als beste Hotelbar Deutschlands ausgezeichnet, und die Bar Fragrances verfolgt ein weltweit einmaliges Konzept: Hier mixt Heißen seine Drinks nach dem feinen Aromenspiel von berühmten Parfüm-Klassikern.

Arnd Heißen hat mehrere Bücher zum Thema geschrieben und wurde für seine Arbeit vielfach ausgezeichnet, unter anderem bei den begehrten Bar Awards als „Mixologe des Jahres".

GIN TONIC
Der Alleskönner

Gin Tonic geht immer. Nicht nur die englischen Royals trinken den berühmten Wacholderschnaps bei jeder möglichen und unmöglichen Gelegenheit, spätestens jedoch ab 17 Uhr.

Das Glas zu einem Fünftel mit Gin auffüllen, Eiswürfel bis oben hinzufügen, mit Tonic aufgießen, umrühren. Das Mischverhältnis kann nach Geschmack variieren. Mit dem Spargelschäler von einer Orange eine lange, breite Zeste (sprich: ein Stück Schale) abschälen. Die Zeste mit den Fingern über dem Drink zusammendrücken, dann ins Glas geben. Durch die ätherischen Öle wird der Gin süffiger.

Hochprozentige Spirituosen sind nahezu endlos haltbar, allerdings verlieren sie irgendwann ihr charakteristisches Aroma.

Dekorieren
Wer Eindruck machen will: 2–3 schräg geschnittene Salatgurkenscheiben mit Schale und 4–5 Rosenblätter in den Gin Tonic geben. In diesem Fall auf die Orangenzeste verzichten.

Gin veredeln
Einfache Gins wie Gordon's oder Bombay Sapphire kann man ganz leicht selbst veredeln: Dafür eine Flasche Gin in eine Teekanne füllen. 5 TL hochwertigen Tee im Teesieb oder -filter in den Gin legen. 3–5 Minuten ziehen lassen. Tee wieder herausnehmen. Fruchtige Teesorten sind besonders gut geeignet. Übrigens verleiht man mit diesem Verfahren auch teuren Gins eine spannende Geschmackskomponente.

Diese Klassiker
kann jeder mixen:
Sie schmecken
toll, machen
optisch etwas her
und sind schnell
gemacht.

Arnd Heißen

**WIE KOMME ICH
DURCH EINE WHISKY-
VERKOSTUNG, OHNE
AHNUNG ZU HABEN?**

*Whisky wird nie mit
zusätzlichen Aromen
versetzt. Wenn also
jemand behauptet, ein
Whisky rieche nach
Aprikose, dann ist das
so. Wenn ein anderer
findet, dass Orangen-
noten oder Zedernholz
hervorstechen, hat er
ebenfalls recht.
Bei einer Whiskyver-
kostung sollte man
geradeheraus sagen,
was man schmeckt.
Richtig und falsch
gibt es nicht. Wilde
Diskussionen gehören
zum Spiel.*

OLD FASHIONED

Für Männer

Der klassische Whisky-Cocktail: Sogar für
Puristen, die eigentlich keine Cocktails
mögen, ist der Old Fashioned eine gute
Alternative. Er macht den Whisky besonders angenehm im Geschmack. Im Kreise
guter Freunde ein phantastischer Drink!

60 ml Whisky, 2–3 Tropfen Angosturabitter
und 2 Barlöffel Zucker (entspricht ca. 1,5 TL
Zucker). Alles in einem kleinen Whiskyglas
verrühren, Eiswürfel dazu, noch mal umrühren. Mit dem Spargelschäler eine dicke, breite Orangenzeste schälen, kurz über dem
Glas ausdrücken, reinwerfen, fertig.

Old Fashioned veredeln

1–2 Tropfen Cocktail-Bitter (hocharoma-
tische, konzentrierte Kräuterspirituose)
geben dem Old Fashioned einen Extrakick.
Geeignet sind zum Beispiel Old Fashioned
Bitter, Whisky Age Bitter oder Schokola-
den-Bitter.

MOJITO

Im Sommer

Frisch, attraktiv, nicht zu süß, nicht zu herb: Frauen lieben Mojito, Männer auch. Der kubanische Rum-Cocktail funktioniert auf großen Partys genauso gut wie alleine auf dem Balkon.

8 Blätter Minze kurz zwischen den Händen zusammenklatschen (nicht reiben oder quetschen, sonst wird die Minze bitter). Zusammen mit 60 ml Rum, 30 ml frisch gepresstem Limettensaft und 20 ml Zuckersirup verrühren. Anschließend mit 80 ml stark kohlensäurehaltigem Mineralwasser auffüllen, Eiswürfel dazu und noch mal kurz umrühren. Deko: Ein leicht angedrückter Minze-Zweig. Serviert wird im Whiskytumbler.

Mojito veredeln

Frische pürierte Früchte, zum Beispiel Himbeeren, passen ebenfalls gut zum Mojito.

Kleine Eiswürfel schmelzen schnell und verwässern jeden Drink. Besser: großwürfeliges, stark gefrorenes Eis nehmen. Bekommt man an fast jeder Tankstelle.

SAINT GERMAIN
MIT CHAMPAGNER
Der perfekte
leichte Aperitif

Elegante Konkurrenz zu Spritz, Hugo und Co ist dieser leichte Aperitif: Seine Basis ist ein französischer Holunderlikör.

2 Teile Saint Germain Holunderlikör und 4 Teile trockenen Weißwein (zum Beispiel Riesling von Dreissigacker) in ein Longdrinkglas geben, bis oben Eiswürfel dazu, dann mit Champagner auffüllen. Alternativ mit Prosecco oder Sekt.

NEGRONI
Der perfekte
starke Aperitif

Dieser Drink wurde nach einem italienischen Grafen benannt. Bis heute ist er einer der beliebtesten Aperitifs in Italien. Nur zu viel sollte man nicht davon trinken.

Negroni im kleinen Glas servieren, eventuell im Martini-Glas. Wer mag, verlängert mit einem Schuss Sodawasser.

Zu gleichen Teilen roten italienischen Wermut, Gin und Campari über Eis gießen und verrühren. Mit dem Spargelmesser eine große Orangenzeste abschälen, dazugeben, fertig.

KIMONO

Ohne Alkohol

Die Nicht-Trinker unter den Gästen sind für einen selbstgemachten Drink erfahrungsgemäß besonders dankbar. Eine köstliche Alternative zum alkoholischen Cocktail ist der Kimono.

8 Himbeeren pürieren und mit 30 ml frischem Zitronensaft, 20 ml Zuckersirup sowie 40 ml kaltem Jasmintee in den Handshaker (wer keinen Shaker hat: stark verrühren). Dann mit Limonade – zum Beispiel Fentimans Victorian Lemonade oder Sprite – auffüllen. Ein paar Eiswürfel dazu, fertig.

ZUCKERSIRUP SELBST HERSTELLEN

500 g Zucker mit 250 ml Wasser aufkochen, anschließend kühl stellen.

„

Ein anständiger Drink hilft
in fast jeder Lebenslage.
Nur gut muss er sein.
Arnd Heißen

Die Hausbar

Jeder, der ein offenes Haus führt und häufig Gäste hat, braucht eine kleine Hausbar. Und jeder andere eigentlich auch. Folgende Spirituosen sind eine solide Grundausstattung, um zu jeder Tages- und Nachtzeit ein paar Gäste glücklich zu machen.

GIN: Tanqueray No. 10, Monkey 47, Opihr Oriental Spiced London Gin

WHISKY: Bulleit Bourbon, Makers Mark, Elijah Craig, Woodford Reserve, Buffalo Trace oder Sazerac Rye

RUM: Captain Morgan, Havanna Club, Zacapa, Barcadi

TEQUILA: Don Julio, Arette, Del Maguey Mezcal

WERMUT: Mancino, Antica Formula, Belsazar

GUTES TONIC WATER: Thomas Henry Tonic ist die elegantere Version von Schweppes und passt zu jedem Gin. Fever-Tree Tonic besteht aus natürlichen Inhaltsstoffen. Fentimans Tonic ist in verschiedenen Geschmacksrichtungen erhältlich. Auch Campari und Holunderlikör im Haus zu haben kann nicht schaden.

ZUBEHÖR: Messbecher, Barlöffel, Shaker und ein, zwei Rührgläser erleichtern die Arbeit. Zum Servieren braucht man Whiskygläser, Longdrinkgläser und Rotweingläser. Letztere eigenen sich für Drinks, die mit Champagner, Sekt oder Tonic aufgefüllt werden.

Zurzeit liegt es im Trend, Drinks in großen Weingläsern statt in Whisky- und Longdrinkgläsern zu servieren. Die einen finden: mal was Neues. Die anderen finden: lieber nicht.

EINKAUFSTIPP:

www.cocktailian.de

Feste & Gäste

DIE GOLDENEN GASTGEBER-REGELN

Wer eine größere Einladung plant, sieht sich einer Reihe von Herausforderungen ausgesetzt – erst recht, wenn es elegant sein soll.

DIE FACHFRAU

Isa Gräfin von Hardenberg, professionelle Gastgeberin und Society-Lady

Sie ist die prominenteste Gastgeberin der Berliner Gesellschaft – und eine wahre Grande Dame. Mit ihrer Eventagentur Hardenberg Concept GmbH brachte Isa Gräfin von Hardenberg über viele Jahre die wichtigsten Persönlichkeiten aus Kultur, Politik und Wirtschaft zusammen. Aus diesem Unternehmen ist auch ihre neue Firma hervorgegangen: Sie heißt Hardenberg Communications und ist auf die Vermittlung von professionellem Networking spezialisiert. Wie ein Abend ein voller Erfolg wird, verrät die Gräfin hier.

Buchtipp: Isa von Hardenberg,
„Die Gastgeberin. 20 Jahre in bester Gesellschaft"

Die Gästeliste

Generell empfiehlt es sich, Menschen mit unterschiedlichen Berufen einzuladen, die füreinander interessant sein könnten. Auch eine Mischung aus Jung und Alt, Konservativ und Kreativ ist ratsam. Ein Überraschungsgast ist immer gut.

Das Datum

Während der Ferienzeiten und an Brückenwochenenden gibt es viele Absagen. Ein guter Termin ist Ende Januar – da haben fast alle wieder Lust zu feiern. Auch Ende April (nicht zu nah an Ostern) und Ende August sind erfahrungsgemäß geeignete Termine.

Die Einladung

Bei offiziellen Anlässen einen konventionellen Einladungstext wählen und Namen und Titel per Hand schreiben. Bei Abendeinladungen hilft den Gästen ein Dresscode („dunkler Anzug", „Smoking" oder „Frack"), außerdem „u. A. w. g." (um Antwort wird gebeten) oder – wahlweise – die französische, international gebräuchliche Formel „R. s. v. p." (répondez s'il vous plaît – bitte antworten Sie).

Bei kleineren Gesellschaften kann man statt zum „Save the Date"-Letter gerne zum Telefonhörer greifen, um die Einladung mündlich anzukündigen, bevor man sie herausschickt. So lässt sich die Gästeliste flexibler gestalten.

Bei eleganten Festen mit Tischplatzierung lohnt sich ein Erinnerungsanruf am Vortag, um ärgerliche „No-shows" zu vermeiden. Wer seine Gäste spontan nur wenige Tage

DER RICHTIGE ZEITPUNKT, UM DIE EINLADUNG ZU VERSCHICKEN

Kleine Einladungen, zum Beispiel zum Brunch, zwei Wochen vorher aussprechen.

Cocktaileinladungen vier bis sechs Wochen vorher verschicken.

Bei größeren Festen „Save the Date" ca. zwei bis drei Monate vorher verschicken, die Einladung selbst vier Wochen vorher.

vor dem Abend per Telefonanruf einlädt, kann dennoch eine schriftliche Erinnerungskarte verschicken mit dem Zusatz „p. m." (pro memoriam) statt „u. A. w. g.".

Motto-Partys

Hier sollte von der Einladung und dem Dresscode bis hin zu Dekoration, Blumen, Speisen und Getränken alles aufeinander abgestimmt sein. Besonders beliebt: „Roaring Twenties" mit der dazugehörigen Musik, Casinotischen etc. Auch Filmthemen bieten sich an, zum Beispiel „La Dolce Vita" oder „Frühstück bei Tiffany". Wer weniger konkret werden möchte, kann einen außergewöhnlichen Dresscode vorgeben, etwa „Hysteric Glamour", „Dress to Impress", „Get Your Pearls, Girls" oder „Be Glam".

Selbst kochen oder Partyservice?

Noch wichtiger als das Essen ist eine entspannte Gastgeberin, die Zeit für ihre Gäste hat. Faustregel: Acht bis zehn Personen kann ein geübter Hobbykoch in der Regel bewältigen, spätestens ab fünfzehn Personen wird es anstrengend, und man sollte besser einen Koch buchen. Wer einen Caterer beauftragt, sollte unbedingt vorher ein Probeessen vereinbaren.

Das Menü

Bewährt hat sich ein der Jahreszeit entsprechendes Drei-Gänge-Menü, bestehend aus Vorspeise, Hauptgang und Dessert. Für Vegetarier eine Alternative einplanen. Insgesamt sollte das Essen nicht länger als anderthalb bis zwei Stunden dauern.

EINANDER VORSTELLEN

Die Vorstellung erfolgt mit kleinen persönlichen Bemerkungen zu jedem einzelnen Gast.

Man selbst stellt sich mit Vor- und Nachnamen vor und lässt akademische Titel und Adelstitel weg.

Herren werden den Damen vorgestellt (Ausnahme: sehr junge Mädchen).

Damen werden hochgestellten Persönlichkeiten vorgestellt.

Der Jüngere wird dem Älteren vorgestellt.

99 Kleiner Tipp: Eleganter ist es, auf sicherlich gut gemeinte Wünsche und Redewendungen zu verzichten, wie zum Beispiel „Mahlzeit", „Guten Appetit", „Gesundheit", „Prost", „lecker", „Hat's geschmeckt?" – oder beim Vorstellen auf „ange- nehm" und „sehr erfreut".

Isa Gräfin von Hardenberg

TIPP

Das Dessert nicht am Tisch servieren, sondern als Büfett anbieten. Die meisten Gäste sind dankbar, wenn sie nicht allzu lange am Tisch sitzen müssen und Gelegenheit haben, mit den anderen Teilnehmern ins Gespräch zu kommen. Auch Kaffee und Digestif (zum Beispiel Cognac, Obstschnaps) sollten nicht am Tisch gereicht werden, damit sich die Gesellschaft umso rascher mischt.

Die Tischordnung

Eine gut durchdachte Tischordnung ist die Grundlage für den Erfolg des Abends. Als Gastgeber sollte man sich Gedanken machen, welche Gäste zueinander passen und interessante Gespräche führen könnten. Wer auf die Tischordnung verzichtet, erlebt meist, dass ausschließlich Freunde zusammensitzen und neue Bekanntschaften kaum entstehen.

Ein Ehrengast sitzt generell neben der Dame des Hauses, und Ehepaare sollten möglichst nicht nebeneinander sitzen.

Servicekräfte

An ihnen sollte man nicht sparen. Grundsätzlich gilt: Bei einem eleganten Abendessen ist eine Servicekraft für acht bis zehn Gäste das Minimum, bei Cocktails und

Empfängen ist eine Kraft für maximal fünfzehn Gäste optimal. Außerdem sollte man junge Damen zum Öffnen der Tür und zum Abnehmen der Garderobe und der Blumen/ Geschenke einplanen. So sind die Gäste stets umsorgt und der Gastgeber entspannt. Geschirrberge, zerstörte Büfetts und leere Gläser sind wahre Stimmungstöter.

Gespräche in Gang bringen

Dafür benötigt man ein wenig Geschick. Je nach Gästemischung und Situation eignen sich aktuelle Themen, bei denen viele Gäste mitreden können: ob nun ein gesellschaftliches Ereignis, eine Ausstellung oder ein witziges Erlebnis auf der Hinreise. Auch leicht provozierende Fragen können eine Unterhaltung in Gang bringen.

Blumen und Geschenke

Der elegante Gast schickt Blumen vor oder nach dem Event, statt sie am Abend mitzubringen. Wer ein Geschenk machen will, sollte herausfinden, welche Interessen der Gastgeber hat: Geht er einem Hobby nach, liebt er Kunst oder Literatur? Im Zweifel einfach ein Glas selbst gemachter Marmelade mitbringen.

Gäste hinauskomplimentieren

Wer seine Gäste deutlich zum Gehen auffordert, begeht einen Fauxpas. Es ist das Los des Gastgebers, bis zuletzt aufzubleiben. Ein kleiner Kunstgriff ist jedoch erlaubt: Mit der Frage, was die verbliebenen Gäste denn am nächsten Tag vorhaben, ist so mancher schneller aus der Tür heraus als gedacht. Zur allergrößten Not erwähnt man selbst sein Programm am nächsten Morgen.

STIMMUNGSTÖTER

Zu wenige Gäste in zu großen Räumen.

Zu wenig Servicepersonal führt zu leeren Gläsern, Geschirrbergen und hektischen Gastgebern.

Zu langes Essen und zu lange Reden können die Stimmung ebenso dämpfen wie eine undurchdachte Tischordnung.

REZEPTE VON PROMINENTEN

Welches Rezept macht wirklich schön?
Was kocht man, wenn ein Veganer zu Gast ist?
Und wie kann man einen Hollywood-Star
kulinarisch begeistern? Die Antworten.

> Eine Schüssel Porridge ist für mich
> der optimale Start in den Tag. Es ist
> schnell gemacht, liegt nicht schwer
> im Magen und hält mehrere Stunden
> vor. Das ist gerade an langen
> Arbeitstagen angenehm.

Nadja Auermann

Das Beauty-Frühstück
von Nadja Auermann

Irgendeinen Trick muss es ja geben, um
großartig auszusehen und sich genauso zu
fühlen. Nadja Auermann, Model-Ikone und
Mutter von vier Kindern, weiß, was wirklich
hilft: Porridge zum Frühstück.

Porridge à la Nadja

Zutaten für 1 Person:
1 Tasse Wasser
1 Tasse Sojamilch (oder Kuhmilch)
1 Tasse Hafer-Vollkornflocken
(zum Beispiel Blütenzarte Köllnflocken)
Etwas Zimt und Zucker
Außerdem nach Belieben:
1–2 TL Chia-Samen, Hanfsamen oder Sesam
1–2 TL zerstoßene Mandeln oder Walnüsse
Getrocknete Cranberrys und/oder frisches Obst

In einem kleinen Topf Wasser aufkochen, Milch hinzufügen, Haferflocken hinzufügen. Alles kurz aufkochen und auf niedriger Stufe unter Rühren ca. 2–3 Minuten weiterköcheln, bis die gewünschte Konsistenz erreicht ist. Wer sein Porridge flüssiger mag, fügt etwas mehr Wasser oder Milch hinzu. Ich süße mein Porridge nicht komplett, sondern streue lieber hinterher Zimt und Zucker darüber.

Porridge ist eine gute Basis, um es je nach Geschmack zu variieren. Frisches, saisonales Obst passt immer. Weitere tolle Zutaten sind Chia-Samen, Hanfsamen, Sesam, getrocknete Cranberrys, zerstoßene Mandeln und Walnüsse.

Besonders köstlich: Halbierte und entsteinte Aprikosen in einer Pfanne mit reichlich Butter und Honig ca. 2–3 Minuten brutzeln lassen, bevor man sie zum Porridge gibt.

> „Diese vegane Spaghetti Bolognese hat schon manchen Fleischesser verblüfft.
>
> Kai Schumann

Vegane Bolognese von Schauspieler Kai Schumann

Wenn sich ein Veganer zum Abendessen ankündigt, kommt mancher Gastgeber ins Schwitzen. Mit welchem Hauptgang man Fleischesser und Veganer glücklich macht, verrät Kai Schumann (*1976 in Dresden, u.a. *Doctor's Diary, Heldt*). Der Schauspieler ernährt sich seit Jahren vegan.

Spaghetti
Tofubolognese

Zutaten für 2 Personen:

250 g Tofu Natur
(Variante: halb Tofu, halb Soja-Schnetzel verwen-
den. Letztere vor der Verarbeitung in Gemüsebrühe
quellen lassen.)

1 Zwiebel

2 Knoblauchzehen

50 ml Olivenöl

4 EL Tomatenmark

150 ml trockener Rotwein

250 g Spaghetti

Meersalz

150 g passierte Tomaten (Variante: zusätzlich je eine
frische Tomate und Möhre)

1–2 TL Agavendicksaft oder Rohrzucker

1 TL getrockneter Oregano

Schwarzer Pfeffer nach Belieben

1 Bund Basilikum

50 g Pinienkerne

50 g Hefeflocken

Bolognese-Sauce

Tofu zerbröseln, zum Beispiel mit einer Gabel. Zwiebeln und Knoblauch schälen und
fein hacken. Olivenöl in einer großen Pfanne erhitzen. Darin Tofu ca. 5 Minuten anbraten und dabei gut umrühren. Anschließend
Zwiebel dazugeben, 2 Minuten mitbraten.
Danach Knoblauch dazugeben und 1 weitere
Minute braten. Tomatenmark hinzugeben

und 2 Minuten anschwitzen – nach wie vor ständig umrühren. Gegebenenfalls eine in sehr kleine Würfelchen geschnittene Möhre zufügen. Schließlich mit Rotwein ablöschen und rund 4 Minuten einkochen lassen. Nun passierte Tomaten, Agavendicksaft und Oregano zugeben. Für mehr Fruchtigkeit mit einer kleingeschnittenen frischen Tomate ergänzen. Etwa 3 Minuten weiterköcheln lassen. Mit Salz und Pfeffer abschmecken. Zum Schluss Basilikum waschen, ausschütteln, trocken tupfen, grob hacken und in die fertige Sauce rühren.

Pasta

Einige Minuten, bevor die vegane Bolognese-Sauce fertig ist, gibt man die Pasta in bereits kochendes Wasser. Pasta aufkochen und salzen. 1–2 Minuten kürzer kochen, als auf der Packung angegeben, damit sie al dente wird. Etwas Kochwasser aufbewahren, bevor man die Pasta in einem Sieb abtropfen lässt. Nicht abschrecken und die Nudeln sofort mit der fertigen Sauce verrühren. Für eine besonders sämige Konsistenz ein wenig Kochwasser untermischen.

Veganer Parmesan

Pinienkerne ohne zusätzliches Fett in einer Pfanne anrösten. Man bleibt am besten daneben stehen, damit nichts anbrennt. Sobald ein leichter Duft aufsteigt, runter vom Herd. Nun etwa zwei Drittel der gerösteten Pinienkerne zusammen mit den Hefeflocken und etwas Meersalz im Mixer zu Pulver verarbeiten. Die restlichen Pinienkerne ganz lassen.

Anrichten

Die mit der Sauce vermengte Pasta auf tiefe Teller geben. Den veganen Parmesan zusammen mit den ganzen Pinienkernen darüber verteilen. Mit einem Basilikumzweig garnieren.

Kai Schumanns Lieblings-Bolognese stammt ursprünglich vom veganen Starkoch Attila Hildmann und ist in leicht abgewandelter Form in dessen Kochbuch „Vegan for Fun" zu finden.

"Mein
Lieblingsgericht
von Mama.
Daniel Brühl

Star-Food
von Daniel Brühl

Sollte eines Tages ein Hollywood-Star zum
Dinner vorbeikommen, sind Sie mit diesem
Rezept bestens gerüstet: Es ist das Lieb-
lingsgericht von Daniel Brühl (*1978 in
Barcelona). Abgesehen davon, dass sich
der Star-Schauspieler naturgemäß mit
Stars auskennt, betreibt er eine Tapas-Bar
in Berlin-Kreuzberg.

Schwarzer Reis

Zutaten für 4 Personen:

500 g Reis

300 g Sepia, ausgenommen und gesäubert

200 g Babysepia (Chipirones)

150 g mittelgroße Garnelen, geschält

*1 Bund Wiesenlauch,
alternativ Frühlingszwiebel, gehackt*

1 reife Tomate, kleingehackt

2 Knoblauchzehen, kleingehackt

½ TL Paprikapulver, edelsüß

2 Portionsbeutel Tintenfischtinte je 4 g

1,5 Liter Fischbrühe

Olivenöl und etwas Salz in einer flachen Paella-Pfanne erhitzen. Wenn das Öl richtig heiß ist, den Wiesenlauch hinzufügen. Sobald er goldbraun ist, Tomate und Knoblauch dazu. Einige Minuten später die Meeresfrüchte in die Pfanne geben, zunächst die Sepia, dann die Babysepia und die Garnelen. Die Meeresfrüchte wirklich nur sehr kurz anbraten. Anschließend das Paprikapulver und reichlich Tinte hinzufügen. Nun den Reis zu den anderen Zutaten geben. Es ist wichtig, dass der Reis schwarz wird und nicht nur bräunlich gefärbt ist. Einige Minuten anbraten, dann die Brühe angießen und das Ganze bei mittlerer Hitze ca. 15–18 Minuten kochen. Nach 5 Minuten Ruhezeit mit Zitrone und Aioli servieren.

Bar Raval, Lübbener Straße 1 / Ecke Görlitzer Straße, 10997 Berlin, Telefon 030-53167954

DEN TISCH RICHTIG DECKEN

DESSERT-BESTECK

SALATTELLER

BROTTELLER

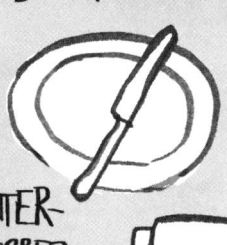

BUTTER-MESSER

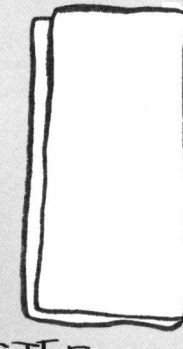

SERVIETTE

TELLE

BESTE

BESTE

WASSER-
GLAS

ROTWEIN-
GLAS

WEISSWEIN-
GLAS

SUPPENTASSE

VORSPEISEN-
TELLER

SUPPENLÖFFEL

ENÜ

AUPTGANG

ORSPEISEN

GUTES BENEHMEN

Gutes Benehmen verhindert Konflikte. Das wusste schon Adolph Freiherr Knigge (1752–1796). Dass der Name Knigge heute überwiegend mit Benimmregeln assoziiert wird, ist jedoch ein Missverständnis. Dem Freiherrn ging es vielmehr um ein respektvolles Miteinander. Allzu steife Etikette lehnte er als „etwas Unmenschliches" ab. Doch was müssen wir dann wissen, um höflich durchs Leben zu kommen? Moritz Freiherr Knigge, ein Urahn des alten Adolph, weiß Rat.

DER FACHMANN

Moritz Freiherr Knigge, Höflichkeitsexperte

Moritz Freiherr Knigge (*1968 in Hannover) wandelt thematisch auf den Pfaden seines berühmten Vorfahren und arbeitet als Autor, Redner und Berater im Bereich der zwischenmenschlichen Kommunikation. In nunmehr acht Büchern und Hörbüchern beleuchtet er unterhaltsam und lehrreich, was gutes Benehmen heute bedeutet. Herzensbildung ist sein wichtigstes Anliegen.

Buchtipps:

*Moritz Freiherr Knigge, Leo G. Linder, Michael Schellberg,
„Spielregeln: Wie wir miteinander umgehen sollten"*

*Moritz Freiherr Knigge, „Anleitung zum Unhöflichsein:
Von der Kunst, sich virtuos danebenzubenehmen"*

Guten Tag, Freiherr Knigge. Ist diese Anrede eigentlich korrekt?

Absolut. Aber ebenso das norddeutsche „Moin", das bayerische „Grüß Gott" oder „Glück auf" im Ruhrpott.

Was soll ich tun, wenn ich in einer bestimmten Situation unsicher bin?

Kurz abwarten und schauen, wie die anderen es machen. Dann kann nicht viel schiefgehen. Im Zweifel souverän nachfragen, zum Beispiel: „Ich habe noch nie einen Hummer geknackt, wie funktioniert das?" (siehe Seite 88 f.) So hat man gleich ein Gesprächsthema.

Wie wichtig ist Etikette im Leben?

Etiketten sind Umgangsformen, die sich bewährt haben. Sie hängen von der jeweiligen Gesellschaft ab, in der wir uns bewegen. Im diplomatischen Corps herrschen andere Regeln als im Fußballstadion. Insofern ist Etikette kein starres Gesetzbuch, sondern nur eine reine Äußerlichkeit. Mein Rat: Schlagen Sie alle Etikette in den Wind, wenn Sie damit jemand anderem eine Peinlichkeit ersparen.

"

Interessiere dich für andere, wenn du willst, dass andere sich für dich interessieren.

Adolph Freiherr Knigge

Was zeichnet einen höflichen Menschen aus?

Überall, wo Menschen aufeinandertreffen, bilden sie in kürzester Zeit einen eigenen Umgangskanon. Der höfliche Mensch ist in der Lage, sich in verschiedene Situationen einzufinden und sich angemessen zu verhalten. Noch wichtiger: Der höfliche Mensch tritt immer in Vorleistung, statt abzuwarten, bis ihm eine Höflichkeitsbekundung zuteil wird.

Was ist unhöflich?

Wenn jemand ständig darauf pocht, dass etwas nicht der Etikette entspricht – besonders, wenn er dadurch andere in Verlegenheit bringt. Ein kleines Beispiel ist der lautstark vorgetragene Spruch: „Die Dame zuerst!" Obwohl derjenige, der

der Dame der Vortritt lässt, in Etikettenfragen möglicherweise recht hat, verhält er sich dennoch unhöflich. Warum? Er bringt den zweiten Herrn, der sich vermeintlich „falsch" verhalten hat, in eine unangenehme Situation. Und er bringt die Dame in Verlegenheit, die nun schlimmstenfalls die Situation retten muss. Wer höflich durchs Leben kommen will, sollte sich von der Vorstellung verabschieden, dass „die anderen" alles falsch machen. Stattdessen sollte man sich lieber an die eigene Nase fassen, die Augen offen halten und versuchen, die kleinen und großen Situationen des Lebens für alle Beteiligten so angenehm wie möglich zu gestalten.

Freiherr Knigge, wie sollte eine korrekte Begrüßung ablaufen?

Ich sehe mich nicht als Sprachrohr für Etikette-Regeln. Aber ich gebe gerne meine Empfehlungen zum Handschlag:

* Halte deine Hände
  sauber und trocken.

* Schaue dem anderen freundlich in
  die Augen, ohne ihn anzustarren.

* Halte körperlichen Abstand
  (entsprechend der Länge von der
  Schulter bis zu den Fingerspitzen).

* Gib die rechte Hand.

* Die linke Hand gehört nicht
  in die Hosentasche.

* Die Hände sollten sich auf
  halber Höhe treffen.

* Schüttle die Hand drei Mal,
  maximal drei Sekunden.

* Berühre den anderen
  nicht zusätzlich.

* Lege dem anderen keinen
  toten Fisch in die Hand.

* Zerquetsche dem anderen nicht die Hand.

* Drehe niemandem einen Strick
  daraus, wenn er gegen diese
  Empfehlungen verstößt.

Abgesehen vom Handschlag: Wie grüße ich richtig?

Abseits der gängigen höfischen und neohöfischen Formen zur Begrüßung empfehle ich Folgendes:

* Mit dem Gruß machst du dich und
  andere zu Menschen.

* Grüße jeden unabhängig von
  seinem gesellschaftlichen Rang.

* Lächle.

* Stelle dich vor.

* Stelle andere vor.

* Nenne Menschen beim Namen.

* Frage nach, wenn du einen
  Namen vergessen hast.

* Wenn andere nicht grüßen,
  grüßt du erst recht.

* Erwidere jeden Gruß
  (auch wenn du „Mahlzeit"
  schrecklich findest).

* Maßregele niemanden, der gegen
  eine „Grußregel" verstoßen hat.

www.freiherr-knigge.de

HERR DOKTOR, WAS HILFT GEGEN KATER?

Es gibt unzählige Ratschläge, wie man einen alkoholreichen Abend ohne Brummschädel übersteht. Viele davon sind Humbug. Wie der Kater zum Kätzchen wird, erklärt der Doc.

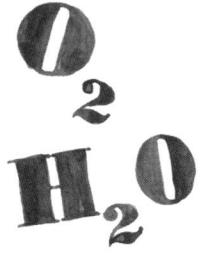

DER FACHMANN

Dr. med. Andreas Schabenberger, Arzt auf dem Oktoberfest

FRISCHE LUFT, ABER KEINEN SPORT

Bewegung an der frischen Luft hilft, um den dröhnenden Kopf freizubekommen. Allerdings ist es wenig ratsam, den Kater mit Sport zu bekämpfen: Beim Sport geht dem Körper abermals Flüssigkeit verloren, und es kann zu Kreislaufproblemen kommen.

Zu viel gefeiert? Kann jedem mal passieren. Was gegen den Kater am nächsten Tag hilft, weiß Dr. med. Andreas Schabenberger. Der Allgemein-, Notfall- und Sportmediziner kennt sich aus: Er ist ärztlicher Leiter der Sanitätsstation auf dem Münchner Oktoberfest.

Wasser marsch!

Das beste Mittel gegen Kater: Schon während des Alkoholkonsums jede Menge Wasser trinken. Denn Alkohol führt zu Dehydration (Wasserverlust) und Elektrolytverschiebung (Verlust von Körpersalzen), was wiederum die Kopfschmerzen am Folgetag verursacht.

Vorsicht vor Begleitalkoholen

Spirituosen, die Begleitalkohole (auch: Fuselalkohole) enthalten können, sollte man meiden. Dazu zählen etwa gezuckerte Obstbrände und fassgelagerte Getränke wie Whisky, Cognac oder Rum. Auch stark gezuckerte und kohlensäurehaltige Getränke – wie süßer Sekt und Alkopops – sind nicht zu empfehlen.

Die Grundlage macht den Unterschied

Das Wichtigste vor dem Fest: Eine gute Grundlage schaffen! Fettreiche Ernährung verzögert die Alkoholaufnahme im Körper und kann beim Alkoholabbau förderlich sein. Tipp: Ausreichend Bewegung in den Trinkpausen unterstützt den Alkoholabbau.

Hilft Aspirin vor dem Schlafengehen?

Aspirin lieber nicht vor dem Schlafengehen einnehmen. Es kann zusätzlich die Magenschleimhaut angreifen, die durch den Alkohol ohnehin in Mitleidenschaft gezogen wird. Besser: Viel trinken und gegebenenfalls einen Magensäureblocker (zum Beispiel Omeprazol) einnehmen.

Calcium und / oder Magnesium helfen ebenfalls. Sie gleichen den Mineralstoffverlust aus. Doch Achtung! Nicht zu hoch dosieren, sonst können zusätzlich Magen-Darm-Beschwerden auftreten.

*Ingwer-, Pfefferminz-
oder Kamillentee
helfen hervorragend
gegen Übelkeit.*

*Ein starker Espresso
mit Zitronensaft
kann kleine Wunder
bei Kopfschmerzen
bewirken.*

*Ebenfalls hilfreich,
wenn der Schädel
brummt: Die Schläfen
mit Pfefferminzöl
einmassieren.*

Präparate wie Neukönigsförderer Mineraltabletten schon vor dem Ausgehen aufs Kopfkissen legen und ein Glas Wasser neben das Bett stellen. Dann denkt man auch in beschwipstem Zustand an die Einnahme.

Lebensmittel gegen Kater

Ist der Kater erst einmal da, sollte man neben viel Wasser vor allem isotonische Getränke wie Apfelschorle oder Tomatensaft trinken. Sie bringen den Elektrolyt- und Wasserhaushalt wieder in Takt. Auch Rollmops und Ölsardinen helfen: Sie enthalten Mineralstoffe und machen aufgrund ihres hohen Salzgehalts durstig, was wiederum zu vermehrter – diesmal alkoholfreier (!) – Flüssigkeitsaufnahme führt.

Medikamente gegen Kater

Die Kopfschmerzen mit Schmerztabletten zu behandeln ist möglich, natürlich stets unter Berücksichtigung der Nebenwirkungen. Zur Therapie gegen Übelkeit eignet sich zum Beispiel Dimenhydrinat. Bei Kreislaufproblemen helfen Kreislauftropfen plus viel Mineralwasser.

Infusionen gegen Kater

Bei einer Infusionstherapie werden dem Körper Elektrolytlösungen in Kombination mit Kreislauf-/Schmerz- und übelkeitsmindernden Medikamenten über einen Tropf (oder per Spritze) zugeführt.

Die Behandlung ist bei einem „normalen Kater" umstritten, weil es sich um eine invasive Therapie handelt.

**Wo man eine Infusionstherapie
bekommt und was sie kostet**

Viele niedergelassene Ärzte (zum Beispiel Hausärzte) bieten die Infusionstherapie als individuelle Gesundheitsleistung an.

Einfach beim Arzt die Hauptsymptome – zum Beispiel Übelkeit, Kopfschmerzen, Kreislaufbeschwerden – schildern und um eine symptomorientierte Infusionstherapie bitten.

Die Kosten belaufen sich auf etwa 60 Euro einschließlich eingehender Beratung und symptombezogener Untersuchung. Hinzu kommen Materialkosten – zum Beispiel Infusionslösungen, Medikamente – von etwa 20 Euro (wird jedoch individuell sehr unterschiedlich gehandhabt). Eine Kostenübernahme durch die Krankenkasse ist in der Regel nicht möglich, der Patient bezahlt selbst.

Das Problem: Ausgerechnet am Wochenende ist es besonders schwierig, eine Infusionstherapie zu bekommen, weil die Notaufnahmen häufig überlastet sind. Eine Alternative wäre es, beim kassenärztlichen Notdienst unter der Telefonnummer 116117 freundlich anzufragen, ob der zuständige Arzt die Möglichkeit hat, eine Infusionstherapie auf Selbstzahlerbasis durchzuführen.

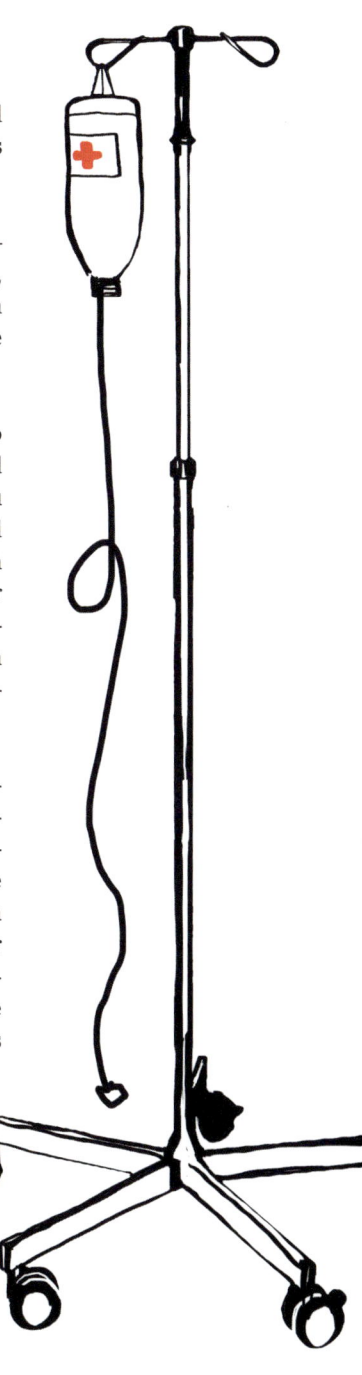

Schönheit & Luxus

BEAUTY-HELFERCHEN AUS DEM KÜHLSCHRANK

Die meisten Pflegeprodukte enthalten Konservierungsstoffe und chemische Zusätze. Dabei kann man leicht darauf verzichten, indem man seine Masken und Cremes einfach selbst anrührt. Beauty-Expertin Friederike Hintze ist überzeugt: „Die besten Zutaten für die Schönheit befinden sich im Kühlschrank."

DIE FACHFRAU

FRIEDERIKE HINTZE, BEAUTY-EXPERTIN UND BLOGGERIN

Friederike Hintze (*1989 in Düsseldorf) beschäftigt sich von Berufs wegen mit den neuesten Beautytrends: Auf ihrem Blogazine Louise et Hélène berichtet die Lifestyle-Journalistin regelmäßig über die wichtigsten Neuheiten. Dafür testet sie Produkte großer und kleiner Labels in sämtlichen Preiskategorien. Ihr Ergebnis: Erstaunlich viele Cremes, Masken und Peelings halten nicht, was sie versprechen. Doch die wichtigste Erkenntnis, die Hintze in Sachen Pflege und Kosmetik gemacht hat, lautet: Weniger ist mehr! Bloß nicht zu viele Produkte verwenden und der Haut Zeit zur Selbstheilung geben.

www.louiseethelene.de

Warum selbst gemachte Pflegeprodukte der Haut gut tun

Konservierungsstoffe, Silikone und andere chemische Zusätze sind Fluch und Segen zugleich: Sie machen die Kosmetik zwar keimfrei und länger haltbar, können aber vor allem bei sensibler Haut Irritationen, Hautausschlag, Juckreiz oder Unreinheiten hervorrufen. Auch die oftmals enthaltenen Duftstoffe sind alles andere als gut für den Teint. Eine wohltuende Abwechslung für Haut und Haar sind selbst gemachte Masken und Peelings. Und das Beste: Do-it-yourself-Kosmetik spart meist jede Menge Geld.

Worauf muss man bei der Do-it-yourself-Kosmetik achten?

Damit die parabenfreien Pflegeprodukte keimfrei bleiben, ist es wichtig, dass alle Behälter und das Besteck, das Sie verwenden, steril sind. Das heißt: Vor dem Anrühren und Abfüllen selbst gemachter Masken und Peelings sollte man Schüssel, Einmachgläser und Löffel gründlich auskochen und die Arbeitsfläche mit kochend heißem Wasser säubern.

Selbst gemachte Peelings, hübsch verpackt in Einmachgläsern, sind ein tolles Geschenk.

Gurkenscheiben auf den Augen helfen wirklich! Die dünnen Scheiben haben eine kühlende Wirkung, geschwollene Lider verschwinden im Nu. Gegen Falten ist das grüne Gemüse allerdings machtlos.

Grüne Gesichtsmaske bei trockener Haut

Avocado und Gurke sind gesund – und machen schön! Während die pflegende Avocado die Durchblutung fördert und das Gesicht mit Feuchtigkeit versorgt, enthält die Gurke jede Menge Vitamin A und C und unterstützt den Aufbau der Haut.

Sie brauchen

1/2 reife Avocado

1/2 frische Gurke

200 ml Joghurt (3,5 Prozent Fettanteil)

1 EL Olivenöl oder Kokosöl

1 Spritzer Zitrone

Und so geht's

Die Avocado mit der Gurke pürieren, bis keine Stückchen mehr vorhanden sind. Den Joghurt und das Öl unter die Masse heben und glatt rühren. Damit die Avocado nicht so schnell anbräunt, einen großzügigen Spritzer Zitrone darübergeben. Nun die Maske auf Gesicht und Dekolleté streichen und maximal 15 Minuten einwirken lassen. Anschließend sorgfältig mit lauwarmem Wasser abspülen. Rückstände mit Kosmetiktüchern entfernen.

Meersalz-Mandel-Kokos-Peeling
gegen Unreinheiten

Unreinheiten sind keine Frage des Alters und treten auch bei reiferer Haut auf. Wer nicht zum Pickelstift für pubertierende Teenager greifen will, dem sei dieses Peeling empfohlen: Meersalz hat eine klärende Wirkung und trägt dazu bei, dass Giftstoffe und Schlacken abgetragen werden. Mandeln entfernen überschüssige Hautschuppen und können den Alterungsprozess verzögern. Das Kokosöl hat eine desinfizierende, antibakterielle Wirkung und lässt kleinere Wunden schneller abheilen.

Sie brauchen

1 EL Meersalz

3 EL gemahlene Mandeln

2 EL Kokosöl

Und so geht's

Die Zutaten miteinander vermengen. Die gereinigte Haut mit einer warmen Kompresse abtupfen, dadurch öffnen sich die Poren. Das Peeling in kreisenden Bewegungen auftragen und einige Minuten einwirken lassen. Mit lauwarmem Wasser abspülen.

Das Meersalz-Mandel-Peeling ist etwa drei Wochen lang im Kühlschrank haltbar. Notieren Sie einfach auf den Gläsern das Abfülldatum.

Glänzendes Haar
dank Ei und Öl

Eier machen schön! Denn sie enthalten Proteine, nährende Fette, Vitamine, Mineralien sowie Antioxidantien und Spurenelemente und helfen insbesondere bei sehr trockenem Haar. Diese Haarmaske ist einfach anzurühren und wirkungsvoller als jedes Drogerieprodukt.

Sie brauchen
1 Ei
3 – 4 EL Olivenöl
1 TL Honig

Und so geht's

Den Honig in der Mikrowelle kurz anwärmen, sodass er eine cremige Konsistenz bekommt. Das Eigelb vom Eiweiß trennen. Eigelb, Olivenöl und Honig miteinander verrühren. Die Haarmaske sorgfältig in das trockene Haar einmassieren und die Haare in ein sauberes Handtuch wickeln. Eine halbe Stunde einwirken lassen und im Anschluss sorgfältig mit einer kleinen Menge Shampoo (für den Geruch) ausspülen.

Die Haarmaske mit Ei ist nur zwei, maximal drei Tage im Kühlschrank haltbar. Lieber schnell verbrauchen.

Produkttipps

Mittlerweile verzichten eine Reihe von Kosmetikmarken bewusst auf Parabene, Silikone oder Duftstoffe. Einige sind sogar komplett frei von chemischen Inhaltsstoffen und müssen entsprechend im Kühlschrank aufbewahrt werden. Am besten, man fragt in der Apotheke oder in gut sortierten Parfümerien gezielt nach solchen Pflegeprodukten.

Generell gilt: Produkte auf Wasserbasis (zum Beispiel Cremes, Lotions und Gele) enthalten in der Regel chemische Zusatzstoffe und Konservierungsstoffe. Öle hingegen sind mit deutlich weniger Chemie versetzt oder sogar frei davon.

Auch in der dekorativen Kosmetik (Lippenstift, Make-up, Wimperntusche, Kajal etc.) gibt es mittlerweile Produkte ohne chemische Zusätze.

MAKE-UP-TIPPS VOM PROFI

5-Minuten-Make-up, Pickel abdecken
für Männer, Smokey Eyes für Anfänger:
Wer die wichtigsten Schminkregeln kennt,
kommt schöner durchs Leben.

DER FACHMANN

THORSTEN WEISS,
HAIR- & MAKE-UP-ARTIST

Thorsten Weiss lernte seinen Beruf als Friseur und Maskenbildner in den achtziger Jahren an der Oper Bonn. Nach frühen Erfolgen, u.a. beim Film, arbeitete er bald überwiegend für internationale Foto-, Werbe- und Videoproduktionen. Weiss lebte viele Jahre in Modemetropolen wie New York und Paris. Sein aktueller Lebensmittelpunkt ist Berlin-Mitte. Heute kreiert er das Make-up für zahlreiche Mode- und Beautyshootings, etwa für die deutsche und die italienische *Vogue*, sowie für Werbekampagnen von Escada oder Hugo Boss. Außerdem arbeitet er als Maskenbildner mit verschiedenen Künstlern zusammen, darunter so große Namen wie Björk, Matthew Barney, Jonathan Meese und Jürgen Teller.

5-Minuten-Make-up für tagsüber

Es ist erstaunlich, was eine einminütige Gesichtsmassage bewirkt: Einfach mit einer Pflege- oder Erfrischungscreme das Gesicht sanft von der Mitte nach außen streichen und klopfen. Der Teint strahlt, die Haut wirkt frisch und gesund und ist perfekt für den Tag vorbereitet.

Mit einem Concealer Augenringe, Unreinheiten und Rötungen kaschieren. Den Concealer stets eintupfen statt wischen, dann wird er von der Haut besser aufgenommen.

Wimperntusche direkt am Ansatz ansetzen und dort die Bürste leicht hin- und herbewegen. Dadurch wirken die Wimpern voller. Anschließend mindestens zwei Mal sorgfältig von unten bis hoch zu den Wimpernspitzen tuschen.

Rouge mit einem weichen Pinsel sanft auf die höchste Stelle der Wange setzen und verblenden. Weil es bei Tageslicht oft hart aussieht, nur sparsam verwenden.

Augenbrauen mit einem kolorierten Augenbrauen-Gel in Form bürsten.

Lippenfarbe von der Innenseite der Lippen aus auftragen und mit dem kleinen Finger zum Lippenrand hin verstreichen. Wer mag, setzt zum Schluss noch ein wenig Gloss darauf, fertig.

Wie bleibt mein Lippenstift länger auf den Lippen?

Einfach etwas Puder auf die Lippen geben, bevor man die Lippenfarbe aufträgt.

Was hilft gegen müde Augen?

Bei geplatzten Äderchen aufpassen, dass man die Augen nicht zusätzlich reibt. Man sollte immer zwei Teelöffel im Kühlschrank deponieren: Einfach bei Bedarf auf die geschlossenen Augen legen und einige Minuten entspannen. Zusätzlich kann es das Auge öffnen, wenn man einen hautfarbenen Kajal (keinen weißen!) auf das untere Augenlid aufträgt.

Was kann man tun, wenn luxuriöse Puder, Lidschatten oder Rouge zerbrochen sind?

Puren Alkohol (Isopropylalkohol aus der Apotheke) auf die Bruchstelle träufeln, bis das Material sämig wird. Jetzt mit den Fingern verstreichen und in die gewünschte Form bringen. Offen trocknen lassen, damit der Alkohol verfliegt.

Wie reinige ich meine Pinsel?

Eine kleine Portion Shampoo für feines Haar in die Hände geben und den Pinsel mit lauwarmem Wasser vorsichtig einschäumen. Anschließend gut ausspülen. Pinsel immer im Liegen trocknen lassen, damit das Wasser nicht in den Griff einzieht.

Was muss ich tun, wenn ich mich für Fotos oder für den roten Teppich schminke?

Am besten einen Profi engagieren. Wer es dennoch selbst versuchen will: Weil die Kamera Farben schluckt, sollte man sich für Fotos und Auftritte auf dem roten

PICKEL ABDECKEN AUCH FÜR MÄNNER

Einen cremigen Concealer auf Wachsbasis anschaffen. Für Anfänger ist ein Stift-Concealer leichter zu handhaben als ein flüssiger Concealer. Mit dem Stift lässt sich die Abdeckfarbe punktgenau auftragen. Anschließend leicht mit den Fingern eintupfen, damit Farbe und Haut eine Einheit bilden.

Hände immer gründlich waschen, bevor man mit ihnen das Gesicht berührt!

Teppich intensiver schminken als sonst. Das Blitzlicht lässt die Haut schnell glänzen und fettig aussehen. Trockener, mattierender Puder schafft Abhilfe, besonders in der T-Zone.

Smokey Eyes für Anfänger

Dunklen Creme-Lidschatten nehmen.

Mit dem kleinen Finger in der Lidfalte die Farbe auftragen und Richtung Wimpernkranz nach unten verwischen, bis das bewegliche Lid mit Farbe bedeckt ist.

Mit einem schwarzen Kajal den oberen Wimpernkranz entlangziehen.

Nun den Creme-Lidschatten mit dem kleinen Finger am äußeren unteren Augenrand entlangtupfen, direkt unter den Wimpern.

Zum Schluss mehrere Lagen Wimperntusche auftragen.

Ob man Smokey Eyes in Schwarz, Grau oder in Erdtönen schminkt, entscheiden Outfit und Stimmung.

Was ist der häufigste Schminkfehler?

Schlechte Beleuchtung! Man muss seine Schminkergebnisse genau sehen können, um zu beurteilen, ob sie gelungen sind. Tipp: Einen Schminkspiegel kaufen, auf der Fensterbank aufstellen und bei Tageslicht schminken. Wer sich vor Tagesanbruch oder spätabends schminkt, sollte für eine gute, gleichmäßige Beleuchtung sorgen.

TIPP

Frauen mit graden Wimpern sollten vor dem Tuschen ihre Wimpern mit der Wimpernzange nach oben biegen. Wer bereits geschwungene Wimpern hat, verzichtet auf die Wimpernzange, damit die Wimperntusche später nicht am oberen Lid kleben bleibt.

SCHMUCK, SCHMUCK, SCHMUCK

Es ist eine ziemlich gute Idee, Schmuck ganz oben auf die Wunschliste zu setzen. Doch um die eigenen Kostbarkeiten nicht versehentlich zu beschädigen, sollte man ein paar Dinge im Blick behalten.

DIE FACHFRAU

VIOLA BRAND, GOLDSCHMIEDIN UND SCHMUCKEXPERTIN BEI WEMPE

Viola Brand (*1962 in Nürnberg) wusste schon als Teenager, dass sie einmal Goldschmiedin werden will. Heute ist sie eine der versiertesten Schmuckexpertinnen des Landes und leitet die Nürnberger Niederlassung des weltweit agierenden Schmuck- und Uhrenhändlers Wempe. Seit rund dreißig Jahren arbeitet sie für das Luxus-Unternehmen, das als Deutschlands größter Juwelier gilt. Im Wempe-Atelier in Schwäbisch Gmünd entstehen neben den hauseigenen Kollektionen auch wertvolle Einzelstücke und Maßanfertigungen.

Schmuck richtig aufbewahren

Im guten alten Schmuckkasten mit weichem Innenfutter ist Schmuck am allerbesten aufgehoben. Auch kleine Alcantara-Beutel sind geeignet. Wichtig: Die einzelnen Schmuckstücke sollten sich während der Lagerung nicht berühren, um sich gegenseitig nicht zu beschädigen. Vorsicht auch vor Feuchtigkeit und extremer Kälte oder Hitze.

Angelaufenen Schmuck reinigen

Gold- und Silberschmuckstücke sind unkompliziert: Sie machen von der Sauna bis zum Schwimmbad alles mit und lassen sich problemlos reinigen. Dass sie mit der Zeit anlaufen, ist normal. Schuld daran sind unter anderem die Schwefelanteile in der Luft.

Wer Gold- und Silberschmuck regelmäßig trägt, kann das Anlaufen hinauszögern. Manchmal ist allerdings auch das Gegenteil der Fall, und die menschliche Haut beschleunigt den Prozess – zum Beispiel, wenn jemand viele Medikamente nimmt. Auch billige Schmuckkästen mit minderwertigen Klebematerialien können das Anlaufen verstärken.

Grundsätzlich läuft Gold in hoher Legierung (750er Gold) nicht so schnell an wie Gold in niedriger Legierung (585er Gold, 333er Gold). Das Gleiche gilt für Silberschmuck.

Für den Hausgebrauch gibt es spezielle Tauchbäder, mit denen der dunkle Film sofort verschwindet. Von Hausmitteln wie Alufolie lässt man lieber die Finger, sie können den Schmuck zerkratzen.

Bei sehr starken Verschmutzungen und Kratzern ist der Fachmann gefragt. Beim Juwelier werden Gold- und Silberschmuckstücke gereinigt und poliert, bis sie wieder wie neu aussehen.

Perlenketten dürfen niemals nass werden!

Um die Perle ranken sich viele Mythen: Geschenk der Götter, Sinnbild des Mondes, Symbol für Liebe, Reinheit und Fruchtbarkeit. In manchen Kulturen glaubt man an die heilenden Kräfte von Perlen, andere wollen mit ihnen das Böse abwenden – und Mode-Ikonen wie Coco Chanel trugen ihre Perlenketten als stilprägendes Accessoire.

Wer seine Perlenketten häufig trägt, sollte sie einmal im Jahr vom Profi neu aufziehen lassen. Der teils mit Nylon oder Perlon verstärkte Seidenfaden wirkt wie eine Reinigung von innen. Im Inneren ist die Perle am empfindlichsten: Der Faden darf niemals nass werden, sonst wird er porös, kann reißen oder Schmutzpartikel ins Innere befördern.

„

Ein Dekolleté ist jener schmale Grat, auf dem der gute Geschmack balanciert, ohne herunterzufallen.

Coco Chanel

Schwimmen, Duschen, Baden und Saunieren sind für Perlenschmuck verboten. Auch Parfüm, Haarspray und Hautcreme können schaden. Perlen deshalb erst anlegen, wenn man das Haus verlässt und Parfüm, Creme etc. komplett getrocknet sind.

Woran erkennt man eine hochwertige Perle?

Fast alle echten Perlen stammen von Zuchtfarmen. Dort wachsen sie, ganz klassisch, in Muscheln. Süßwasserperlen sind einfacher und günstiger zu züchten als Salzwasserperlen. Man sagt, dass Salzwasserperlen einen schöneren Glanz (Lüster) besitzen, auch wenn die Qualität der Süßwasserperlen heute ähnlich gut ist.

Der Wert einer Perle ist für Laien schwer erkennbar – am ehesten im direkten Vergleich beim Juwelier. Das Gesamtpaket aus Lüster, Farbe, Form, Größe und Seltenheit entscheidet über den Preis.

Wer seine Perlen zu Hause reinigen will, nimmt ein ganz leicht befeuchtetes Tuch und reibt sie sanft ab.

Eine hochwertige Perle liegt mindestens zwei Jahre oder länger im Wasser. Andernfalls entwickelt die Muschel nur eine dünne Perlmuttschicht, die entsprechend schwächer glänzt.

Verlieren Perlen ihren Glanz, wenn man sie nur selten trägt?

Tatsächlich kann das Minimum an Fett, das die Haut abgibt, die Strahlkraft von Perlen unterstützen. Doch auch im Schmuckkasten geht der Glanz einer Perle nicht verloren.

Die „Girl's Best Friends"
sind unkompliziert

Diamanten und Brillanten lassen sich zu Hause mit Hilfe von Spüliwasser und einer weichen Zahnbürste reinigen. Nur aufpassen, dass die Steine nicht gegen andere harte Gegenstände prallen!

Schwimmen im Meer oder Pool macht Diamanten und Brillanten wenig aus. Allerdings können sich bei regelmäßiger Berührung mit Wasser – etwa beim Händewaschen – Kalkrückstände ablagern. Dann verliert der Stein an Glanz, wird trüb und muss zum Fachmann in die Reinigung.

Viele Edelsteine sind empfindlich

Während Diamanten ziemlich unempfindlich sind, sollte man die meisten anderen Edelsteine mit Vorsicht behandeln. Grober Schmutz lässt sich zwar mit einem feuchten Tuch entfernen, doch die komplette Reinigung überlässt man besser dem Fachmann.

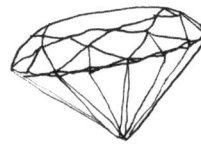

Einige Fachgeschäfte bieten ihren Kunden eine kostenlose Schmuckreinigung an.

Auch Duschen, Händewaschen und Schwimmen im Meer oder Pool sind für viele Edelsteine problematisch. Gerade poröse Steine wie Türkis oder Koralle werden von Salz- und Chlorwasser angegriffen. Vorsicht auch in der Sauna! Bei sehr großen Temperaturschwankungen reißen manche Edelsteine ein.

Schmuckreinigung beim Profi

Es lohnt sich, seinen Schmuck ein- bis zweimal pro Jahr vom Fachmann reinigen zu lassen. Spätestens wenn ein Edelstein trüb wird, ist es höchste Zeit: Diamanten und Brillanten kommen dann in ein sanftes

Laugenbad und erhalten per Ultraschallgerät ihren alten Glanz zurück.

Farbsteine werden hingegen überwiegend von Hand gesäubert. Zur Sicherheit überprüft der Juwelier außerdem, ob alle Fassungen richtig sitzen und kein Stein locker ist. Kratzer im Metall werden beseitigt und neu aufpoliert.

Der kleine Unterschied: Diamant vs. Brillant

Als Diamant bezeichnet man zunächst das Rohmaterial, also den ungeschliffenen Stein. Erst durch den Schliff gewinnt der Diamant sein charakteristisches Funkeln. Der am häufigsten angewandte Schliff ist der Brillant-Schliff: Er wird stets rund geschliffen und verfügt über 56 bis 58 Facetten. Nur Diamanten, die auf diese Weise geschliffen sind, bezeichnet man als Brillanten.

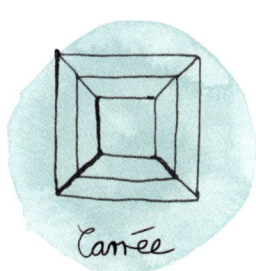

Carrée

Andere Möglichkeiten, einen Diamanten zu schleifen, sind beispielsweise der Ovalschliff, der Carréeschliff (quadratisch), der Tropfenschliff oder der schiffchenförmige Navette-Schliff. Diese Diamanten nennt man dann Diamant im Ovalschliff, Diamant im Carréeschliff usw.

Baguette

Hätten Sie's gewusst?

Als derzeit teuerster Diamant der Welt gilt der Pink Star. Er wechselte 2013 für 83 Millionen US-Dollar den Besitzer. Der zartroséfarbene Edelstein ist 59,60 Karat schwer und stammt aus einer Mine in Südafrika. Zwei Jahre lang wurde er geschliffen und poliert, bevor er seine volle Schönheit entfaltete.

Octagon

Halbedelsteine, Edelsteine, Farbsteine

Der Begriff „Halbedelstein" wird in der Schmuckwelt nicht mehr verwendet. Stattdessen benutzt man den Überbegriff „Edelstein". Farbige Edelsteine werden häufig auch unter dem Begriff „Farbsteine" zusammengefasst. Generell handelt es sich bei Edelsteinen – ob nun farbig oder nicht – um Steine, die die Natur hervorgebracht hat. Dazu gehören neben dem Diamanten beispielsweise Rubin, Saphir und Smaragd; außerdem Edelsteine wie Amethyst, Aquamarin, Citrin, Granat, Jade, Opal, Peridot, Topas, Türkis, Turmalin oder Zirkon.

Tropfen

Wie erkennt man den Wert von Edelsteinen?

Bei Diamanten gibt es klare Richtlinien, die berühmten vier C: Cut (Schliff), Colour (Farbe), Clarity (Reinheit) und Carat (Karat-Gewicht). Bei farbigen Edelsteinen gibt es diese eindeutigen Bewertungskriterien nicht. Die Natur bringt alle Farbschattierungen hervor. Um die Qualität von Farbsteinen zu bewerten, muss man Spezialist sein. Ob etwa ein Saphir, Rubin oder Smaragd besonders hochwertig ist, kann der Laie nicht erkennen. Im seriösen Schmuckhandel bestimmen Kriterien wie Seltenheit, Größe und Referenzfarben den Preis.

Oval

Skeptisch sollten Käufer gegenüber supergünstigen Angeboten sein, etwa im Verkaufsfernsehen. Auch im Herkunftsland sind Edelsteine in der Regel nicht billiger als hierzulande. Wenn ein Gutachter den tatsächlichen Wert solcher Steine einschätzt, ist die Enttäuschung fast immer groß.

Triangel

Auf Modeschmuck gut aufpassen!

Wer hochwertigen Modeschmuck besitzt, sollte besonders gut darauf aufpassen, denn er ist empfindlicher als Echtschmuck. Die Steine sind oft geklebt statt gefasst, weshalb man bei der Reinigung mit Wasser besonders vorsichtig sein muss. Außerdem lässt sich Modeschmuck wegen seiner dünnen Gold- oder Silberschichten kaum aufpolieren. Wer zu kräftig reibt und wäscht, riskiert, dass anschließend das blanke Metall durchscheint.

Kleiner Small Talk

Wer auf der nächsten Party mit Fachwissen glänzen will, könnte folgende Schlaumeierei zum Besten geben: Die deutsche Bundesbank verfügt über die zweitgrößten Goldreserven der Welt nach den USA. Aktuell handelt es sich um 3384 Tonnen im Wert von rund 107 Milliarden Euro. Derzeit befinden sich die Goldbarren an vier Lagerorten in Frankfurt, London, Paris und New York. Der Goldbestand macht zwei Drittel der deutschen Währungsreserven aus.

Ebenfalls nett zu wissen: Die britischen Kronjuwelen gelten als wertvollste Sammlung von Diamanten und Juwelen weltweit. Eines der Herzstücke ist die mit Tausenden Diamanten und Edelsteinen besetzte Imperial State Crown. Sie wird im Tower of London öffentlich ausgestellt, kommt aber nach wie vor zum Einsatz, beispielsweise bei der alljährlichen Parlamentseröffnung. Dann sehen die Ausstellungsbesucher statt der Krone ein Schild mit der knappen Aufschrift „in use".

LUXUS-UHREN BRAUCHEN LIEBE

Die Anschaffung einer wertvollen Uhr ist
der Anfang einer lebenslangen Liebesbeziehung –
zumindest, wenn man ein paar Dinge beachtet.
Andernfalls kann es teuer werden ...

DER FACHMANN

TACO WALSTRA,
UHRENEXPERTE BEI WEMPE

Taco Walstra (*1962 in Leeuwarden) ist ein international renommierter Uhrenexperte. Den Beruf des Uhrmachers hat der gebürtige Holländer von der Pike auf gelernt. Heute verantwortet Walstra den kompletten „Uhren-Service international" bei Juwelier Wempe. Das erfolgreiche Hamburger Familienunternehmen gehört zu den führenden Anbietern von Luxusuhren und Schmuck und hat nahezu alle High-End-Marken im Sortiment. Neben zahlreichen Filialen weltweit betreibt Wempe außerdem die größte Uhrenreparaturwerkstatt in Europa.

Taco Walstra liebt seinen Job: Für die Firma Wempe ist er schon seit mehr als zwanzig Jahren tätig. Spätestens wenn es knifflig wird, ist sein enormes Fachwissen gefragt.

Uhren richtig aufbewahren

Wer seine Uhr nicht täglich trägt, kennt das Problem: Wie lagere ich das gute Stück, wenn ich zur Abwechslung mal die Swatch umbinden oder verreisen will? Und vor allem: Wie bringe ich die Luxusuhr anschließend wieder zum Laufen?

Quarzuhr

Die Uhr trocken, bei Raumtemperatur und ohne pralle Sonneneinstrahlung lagern. Quarzuhren laufen weiter, bis die Batterie keinen Strom mehr hat. Bei einfachen Quarzuhren ohne Kalender-Komplikation vor jeder Lagerung die Krone herausziehen: So wird der Batterieverbrauch auf ein Minimum reduziert, und die Batterie hält erheblich länger. Vor dem Tragen die Krone wieder eindrücken, fertig.

Die Batterie nimmt man nicht aus der Quarzuhr heraus, das Oszillationssystem sollte weiterlaufen. Wenn die Uhr lange Zeit ohne Batterie liegt, kann es passieren, dass sie anfängt, stark vorzugehen. Und keine Angst, dass die Batterie auslaufen könnte – das kommt nur äußerst selten vor. Falls doch, kann dafür der Batteriehersteller verantwortlich gemacht werden. Es handelt sich dann meistens um ein Silberoxid-Zelle. Die zunehmend verwendeten Lithiumbatterien haben diesbezüglich überhaupt keine Probleme.

Mechanische Uhr mit einfacher Automatik

Die Uhr trocken, bei Raumtemperatur und ohne pralle Sonneneinstrahlung lagern. Wenn die Uhr steht: Mit Feingefühl und

*Feuchtigkeit und
direktes Sonnenlicht
können die Farbe
verändern und das
Leder austrocknen.*

*Verschmutzungen
entfernt man mit
einem befeuchteten
Tuch. Anschließend
abtrocknen.*

*Schuhcreme ist unge-
eignet, etwas leichte
Handcreme jedoch er-
laubt. Allerdings kann
das Armband davon
dunkler werden.*

*Beim Schlafen die
Uhr ablegen, um das
Leder zu lüften.*

*Alle ein bis anderthalb
Jahre vom Uhrmacher
kontrollieren lassen,
ob das Lederband
noch sicher hält.
Schlimmstenfalls
kann es sich lösen,
und man verliert
seine Uhr.*

nicht zu schell an der Krone drehen, bis die
Uhr anläuft; dann drei- oder viermal nach-
ziehen und umbinden.

Mechanische Uhr mit komplizierter Automatik

Automatikuhren, die hochwertige Kompli-
kationen wie einen Jahreskalender oder
ewigen Kalender haben, brauchen eine Ex-
trabehandlung: Sie sollten nicht stehenblei-
ben. Um sie in Bewegung zu halten, spannt
man sie während der Lagerung in ein spezielles Umlaufgerät ein.

Wichtig: Für die richtige Handhabung des
Umlaufgeräts immer im Fachhandel be-
raten lassen! Bei fehlerhafter Bedienung
kann ein größerer Schaden entstehen. Gute
Umlaufgeräte gibt es etwa von Firmen wie
Buben & Zörweg oder Erwin Sattler.

Mechanische Uhr mit Handaufzug

Die Uhr trocken, bei Raumtemperatur und
ohne pralle Sonneneinstrahlung lagern. Je
nach Gangreserve benötigen manche Uhren 15 Kronendrehungen, andere wiederum
30 bis 35, bevor sie wieder laufen. Wichtig:
Nicht überdrehen, sondern gefühlvoll bis
zum Anschlag vortasten.

Automatikuhren brauchen Zeit

Ein hektischer Mensch zieht seine Automatikuhr in fünf, sechs Stunden auf – al-
lein durch die tägliche Bewegung. Wer sich
kaum bewegt, braucht mehr Zeit, doch
auch hier reicht ein normaler Tagesablauf,
um die Uhr am Laufen zu halten. Wenn die
Automatik nach zehn Stunden Bewegung
nicht voll aufgezogen ist, ist sie vermut-

lich defekt. Auch wenn sie stehenbleibt, obwohl sie am Tag zuvor getragen wurde, liegt ein Problem vor, denn einen Durchlauf von mindestens 24 Stunden sollte sie schaffen. Falls nicht, unbedingt zum Uhrmacher bringen.

Kleine Automatikuhren brauchen mehr Bewegung

Je kleiner die Uhr, desto kleiner die Aufzug-Schwungmasse. Eine kleine Automatik benötigt deshalb mehr Bewegung: Bis etwa eine zierliche Damenuhr voll aufgezogen ist, können durchaus zehn Stunden Tragezeit vergehen.

Schütteln zwecklos

Es bringt nichts, eine Automatikuhr zu schütteln, denn der Aufzugroter (Schwungmasse) kann der schnellen Bewegung nicht folgen. Die normale Körperbewegung während des Tragens ist die bessere Methode, um die Uhr aufzuladen.

Bloß nicht aufs iPad legen!

Die Magnetfelder elektronischer Geräte sind für viele Uhren ein Problem: Die Uhr lädt sich magnetisch auf und beginnt zu rasen. Deshalb von Computern, Tablets, Smartphones und Herden mit Induktionsfeld fernhalten! Zwar geht die Uhr davon nicht wirklich kaputt, muss aber vom Uhrmacher gegebenenfalls entmagnetisiert werden.

Gut zu wissen: Je kleiner die Uhr, desto sensibler reagiert sie auf Magnetfelder. Je mehr Platz im Uhrwerk ist, desto robuster ist sie. Ein MRT-Gerät im Krankenhaus hält allerdings keine Uhr aus.

UHREN REINIGEN

Wasserdichte Uhr: Gehäuse und Metallarmband ausschütteln. Anschließend mit einer weichen Zahnbürste in leichtem Spüliwasser säubern. Mit Leitungswasser nachspülen.

Das Metallarmband professionell per Ultraschall reinigen lassen (ist in vielen Fachgeschäften kostenlos).

SOMMER, SONNE, STRAND UND LUXUSUHR

Sonne ist nur dann schädlich, wenn sie direkt auf die Uhr prallt. Vor allem Lederarmbänder und lackierte Zifferblätter mögen kein intensives UV-Licht.

Kautschukdichtungen trocknen bei großer Hitze aus, ebenso wie Öle und Schmierungen im Uhrwerk.

Mechanische Uhren, die tagelang in einem heißen Raum liegen, etwa im Dachzimmer eines Ferienhauses, laufen mitunter unpräzise und zeigen Gangdifferenzen. Ähnliches kann auch bei sehr großer Kälte passieren.

Um sicherzugehen: Nach den Ferien die Uhr beim Uhrmacher durchchecken.

Saphirglas: Vorsicht vor Bodenfliesen

Saphirglas ist die Königin unter den Uhrengläsern, weil es besonders hart und stoßfest ist. Dieser Vorteil ist zugleich ein Nachteil: Aufgrund der Härte bekommt Saphirglas zwar selten Kratzer und Risse, dafür splittert es umso massiver, wenn es mit Wucht belastet wird. Ein Aufprall auf Küchen- und Badezimmerfliesen kann böse enden, denn oft geht dabei zusätzlich das Zifferblatt kaputt.

Wichtig: Ob Saphirglas bereits eine Macke hat, lässt sich häufig nur unter der Lupe erkennen. Deshalb nach einem harten Stoß beim Uhrmacher prüfen lassen, ob Glas, Krone und Wasserdichtigkeit noch einwandfrei sind. Die meisten Uhrmacher bieten diesen Service kostenlos an.

Wasser im Gehäuse:
Föhnen bringt nichts

Wenn Wasser im Gehäuse ist und sich Kondenswasser absetzt, sofort zum Uhrmacher gehen. Egal, an welchem Ort der Welt: Das Wasser muss schnellstens raus! Gerade Salzwasser ist Gift für jedes Uhrwerk. Die Uhr auf die Heizung zu legen oder zu föhnen ist sinnlos, denn dafür ist das Gehäuse zu dicht.

In die Sauna lieber nackt

Enorme Temperaturschwankungen setzen der Uhr stark zu. Das Material und die Luft im Gehäuse dehnen sich bei hohen Temperaturen aus. In der Uhr entsteht Überdruck. Der schnelle Temperaturabfall nach der Sauna ist besonders heikel, weil im Gehäuse dann Unterdruck entsteht und Wasser eingesaugt werden kann. Die meisten wasserdichten Uhren sind jedoch für Überdruck konzipiert.

Zusätzlich verdunsten die Schmierstoffe in der Uhr bei Hitze schneller, ähnlich wie in der prallen Sonne. Dadurch ist die Uhr mit ihrer Leistung eher am Ende und bedarf einer frühzeitigen Wartung. Lederarmbänder haben in der Sauna ebenfalls nichts zu suchen, und Metall kann unangenehm heiß werden. Fazit: In die Sauna lieber nackt.

Sport und Uhr vertragen sich selten

Wer seine Uhr regelmäßig zum Sport trägt, riskiert eine frühzeitige Reparatur. Ob Tennis, Golf oder Fußball – die Luxusuhr lieber zu Hause lassen oder vorher den Fachmann fragen, was sie aushält. Sportuhren bilden die Ausnahme. Auch Quarzuhren sind generell weniger empfindlich als mechanische Uhren.

MIT DER UHR INS MEER

Mindestens einmal pro Jahr die Wasserdichtigkeit der Uhr professionell prüfen lassen.

Die Angabe zur Wasserdichtigkeit ist auf dem Zifferblatt oder in den technischen Daten vermerkt und sollte nicht unter 10 ATU oder 100 Meter liegen.

Wenn eine Schraubkrone vorhanden ist, sollte sie entsprechend gesichert sein. Wenn nicht, sollte die Krone in der Aufzugposition stehen, d.h. komplett eingedrückt am Gehäuse.

Beim Chronographen muss man wissen, ob die Drücker verriegelbar sind. Falls ja, vor dem Schwimmen verriegeln.

Salzwasser ist aggressiv. Nach dem Schwimm- oder Tauchgang die Uhr mit viel Leitungswasser kräftig abspülen.

Woran erkenne ich eine Fälschung?

Viele Fälschungen sind so gut gemacht, dass der Laie sie nicht als solche erkennt. Sogar Papiere werden mittlerweile täuschend echt gefälscht. Ob Rolex, Breitling oder Panerai: Bei besonders aufwendigen Plagiaten muss der Uhrmacher erst in die Uhr hineinschauen, um sicher sagen zu können, ob sie echt ist oder nicht.

Was bedeutet „trocken gelaufen"?

Die Schmierstoffe im Uhrwerk bestehen aus synthetischen Ölen, die nach mehreren Jahren austrocknen. Dann spricht man von „trocken gelaufen". Wenn die Uhr ungenau läuft oder stehen bleibt, ist häufig die Schmierung schuld.

Uhrenrevision alle 4–7 Jahre

Bei einer professionellen Uhrenrevision wird die Uhr komplett auseinandergebaut und gereinigt. Dichtungen und defekte Teile werden ausgetauscht, die Uhr wird justiert, getestet und so weiter. Anschließend ist sie wieder wie neu. Als Faustregel gilt: Luxusuhren sollten alle 4–7 Jahre einer kompletten Revision unterzogen werden. Kleinere Uhren sind empfindlicher als größere; entsprechend häufiger ist eine Revision nötig. Spätestens wenn die Uhr ungenau läuft oder eine Funktion ausfällt, deutet das auf eine anstehende Revision hin.

Uhrenrevisionen können teuer werden

Wer seine Uhr gut behandelt, hat naturgemäß niedrigere Reparaturkosten. Je größer der Schaden, umso teurer die Revision. Eine Uhrenrevision kostet von 250 Euro (bei einfachen Luxusuhren wie Nomos und Longines) über 500 bis 600 Euro (zum Beispiel Rolex) bis hin zu 2000 Euro (bei Uhren wie Patek Philippe, Audemars Piguet oder Lange & Söhne). Der Preis variiert je nach Aufwand und hängt davon ab, welche Funktionen die Uhr hat.

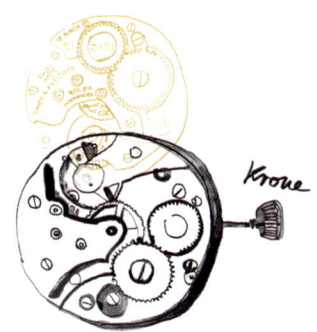

Wichtig: Bevor man eine Uhr zur Uhrenrevision gibt, kurz erkundigen, was im Preis inbegriffen ist, und dann zwei, drei Anbieter vergleichen. Es zahlt sich aus, eine komplette Revision in einem renommierten Fachgeschäft machen zu lassen und dafür eine Garantie zu bekommen. Generell ist von Billigrevisionen, die nur Teilleistungen beinhalten, abzuraten.

Schon bei der Anschaffung sollte man fragen, welche Wartungen und welchen Service der Händler anbietet. Fachgeschäfte mit eigener Werkstatt sind von Vorteil, weil sie gegenüber dem Kunden bessere Kulanzmöglichkeiten haben. Wer seine Uhr etwa bei ebay kauft, tut sich diesbezüglich keinen Gefallen.

Uhrenwartung alle 6–12 Monate

Bei einer Uhrenwartung wird beispielsweise geprüft, ob die Uhr noch wasserdicht ist oder sich magnetisch aufgeladen hat. Auch die Reinigung des Armbands oder Gehäuses fällt unter die Rubrik „Uhrenwartung". Viele seriöse Uhrmacher und Händler bieten diverse Wartungsleistungen kostenlos an.

Bei einer hochwertigen Uhr sollte mindestens einmal im Jahr eine Wartung erfolgen; wenn man die Uhr täglich trägt, besser halbjährlich.

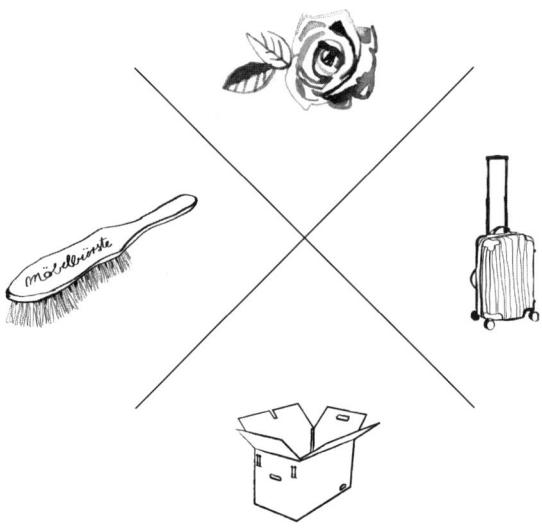

Wohnen & Leben

FLOWER-POWER FÜR ZU HAUSE

Die Rosen lassen die Köpfe hängen?
Die Tulpen sprießen in alle Richtungen?
Die Amaryllis fransen aus? Damit Blumen lange
schön bleiben, braucht man keinen grünen
Daumen, sondern ein paar Profitricks.

DER FACHMANN

JÜRGEN HEROLD,
STAR-FLORIST

Wenn sich jemand mit Blumen auskennt, dann dieser Mann: Jürgen Herold (*1983 in Landau/Pfalz) gehört zu den bekanntesten Floristen des Landes. Die Branche schätzt ihn wegen seiner oft avantgardistischen Blumenarrangements. Er gewann die deutsche Floristen-Meisterschaft, nahm am Floristen-Worldcup teil und kreierte für Veranstaltungen wie den Deutschen Filmpreis oder den Dresdner Opernball diverse Blumendekorationen. Ein eigenes Blumengeschäft betreibt Herold nicht. Dafür kann man den „freischaffenden Floristen", wie er sich selbst nennt, auch international buchen. Seine Firma heißt hand werk floraldesign. Sofern Herold mal nicht um die Welt reist, lebt er in Berlin.

www.handwerkfloraldesign.de

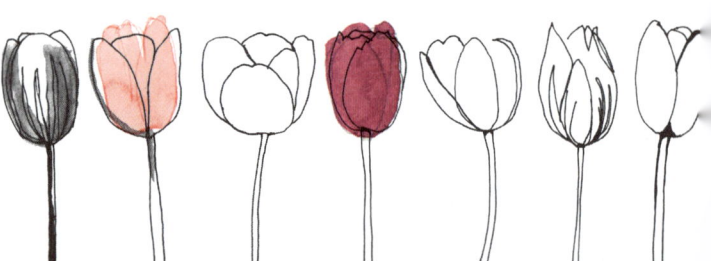

Rosen

Je länger der Rosenstiel, umso länger der schräge Anschnitt. Die Blätter etwa bis zur Hälfte abnehmen und kaltes Wasser in die Vase geben, bis der Stiel zu einem Drittel bedeckt ist.

Es lohnt sich, beim Blumenhändler Rosen zu bestellen, die nach dem „American Cut" geschnitten wurden. Diese Rosen sind bereits aufgeblüht, wenn sie geschnitten werden. Durch den späten Schnitt sind sie besser genährt und bleiben länger schön als die Sorten mit geschlossenem Kopf.

Eine der exklusivsten Rosensorten ist übrigens die Ecuador-Rose. Sie wird in hoher Lage gezüchtet, weshalb sie langsamer wächst und besonders üppige, große Blütenköpfe entwickelt.

SO FÜHLEN SICH SCHNITTBLUMEN AM WOHLSTEN

Kaltes Wasser aus dem Hahn ist für fast alle Schnittblumen geeignet.

Die meisten Blumen sollten mit maximal einem Drittel des Stiels im Wasser stehen.

Bei Zugluft, direkter Sonneneinstrahlung und starker Heizungswärme machen fast alle Schnittblumen schlapp.

Tulpen

Das untere Blatt abnehmen, unten kurz schräg anschneiden und nicht zu viel kaltes Wasser in die Vase geben.

Wer das Wachstum der Tulpe hemmen will, durchsticht den Stiel oben, direkt unter der Blüte in Faserrichtung, mit einem kleinen, scharfen Messer. Häufig schießen Tulpen noch bis zu 10 cm in die Höhe. Mit dem Stich kann man das Wachstum auf etwa 3 cm reduzieren.

> **"**
> Wer eine Amaryllis
> verschenkt, zeigt
> dem anderen,
> dass er ihn oder
> sie besonders an-
> ziehend findet.
>
> Sprache der Blumen

Amaryllis

Den Stiel schneidet man waagerecht statt
schräg ab. Um zu verhindern, dass er aus-
franst, umwickelt man ihn unten mit einen
Tesafilmstreifen.

Damit die Amaryllis nicht einknickt, kann
man den Stiel von innen mit einem dünnen
Holzstab stützen.

Genau wie andere Schaftblüten auch – etwa
Anemonen – stellt man Amaryllis lediglich
in eine Handbreit kaltes Wasser.

Calla

Die Calla ist häufig schon nach einem Tag
hinüber, und der Stiel wird schleimig. Das
passiert sogar dem besten Blumenhändler.
Der Grund: Die Calla reagiert auf Bakterien besonders empfindlich. Profis versuchen, das Problem mit Chlortabletten in
den Griff zu bekommen. Wunden im Stiel
führen ebenfalls dazu, dass die Blume früh-
zeitig eingeht. Davon abgesehen gilt: Calla
mit einem scharfen Messer leicht schräg
anschneiden und in eine Handbreit kaltes
Wasser stellen.

Hortensie

Hat die Hortensie einen holzigen Stiel (nach zweijährigem Wachstum), hält man sie nach dem Anschneiden für einige Sekunden in sehr heißes Wasser, bevor man sie in eine Vase mit kaltem Wasser stellt. Hortensien mit grünem Stiel (nach einjährigem Wachstum) stellt man stattdessen in kaltes Wasser.

Flieder

Wenn Flieder aus dem Garten kommt, bewässert man ihn am Abend, um ihn am nächsten Morgen zu schneiden.

Profitrick: Flieder stets sehr schräg anschneiden (5–6 cm), kochendes Wasser in ein Gefäß füllen und den Stiel – wie bei der Hortensie – für wenige Sekunden hineinhalten. Wieder herausnehmen und in eine Vase mit kaltem Wasser stellen.

FRISCHHALTE-MITTEL HILFT

Sie ahnen es: Frischhaltemittel ist die beste Methode, um Schnittblumen lange frisch zu halten. Das gilt für sämtliche Sorten.

Wenn das Wasser mit Frischhaltemittel angereichert wurde, wechselt man es nicht täglich aus, sondern füllt nach Bedarf neues Wasser hinzu. Ein kompletter Wasserwechsel findet dann erst nach etwa 6–7 Tagen statt.

Ohne Frischhaltemittel sollte man das Wasser täglich wechseln, die Vase reinigen und die Blumen anschneiden.

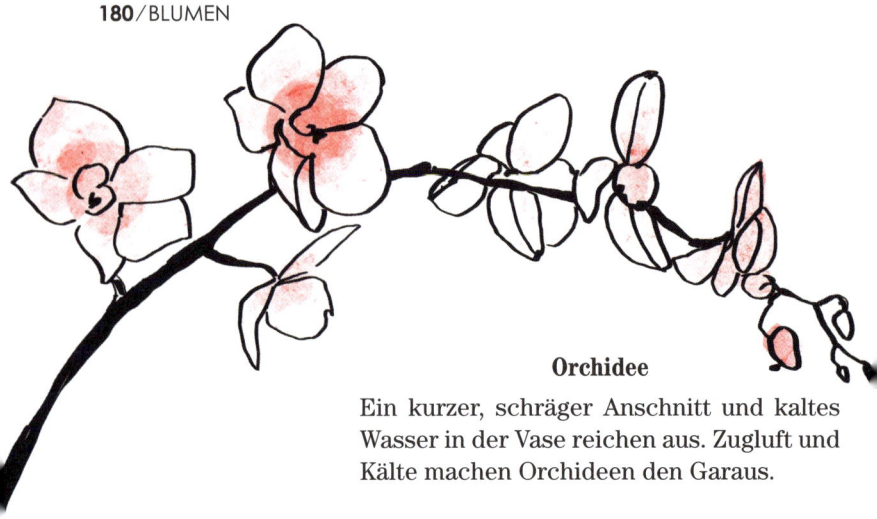

Orchidee

Ein kurzer, schräger Anschnitt und kaltes Wasser in der Vase reichen aus. Zugluft und Kälte machen Orchideen den Garaus.

Wer die Orchidee in ein Blumengesteck einbindet, verwendet am besten ein mit Wasser gefülltes Röhrchen. Steckschaum überlebt sie hingegen nicht.

Orchidee als Topfpflanze

Die Orchidee ist die wohl eleganteste Blume unter den Topfpflanzen. Damit sie möglichst gut gedeiht, benötigt sie eine mittlere bis warme Zimmertemperatur. Direkte Heizungswärme und kalte Zugluft bekommen ihr nicht. Dafür liebt sie eine hohe Luftfeuchtigkeit.

Es tut ihr gut, sie regelmäßig mit Wasser zu besprühen oder eine Wasserschale neben sie zu stellen. Beim Thema Gießen gibt es verschiedene Möglichkeiten: Entweder einmal wöchentlich mit wenig Wasser gießen oder mit dem Zerstäuber reichhaltig einsprühen. Eine weitere Variante: Die Wurzeln der Orchidee einmal pro Woche komplett in ein Wasserbad tauchen und anschließend sehr gut abtropfen lassen. Staunässe verträgt sie nämlich überhaupt nicht.

TIPP

Wer kein Frischhaltemittel im Hause hat, kann mit einer Prise Zucker und einem Schuss Zitronensäure (aus der Packung) eine eigene Nährlösung herstellen. Allerdings ist diese Variante ein Glücksspiel, weil die Dosierung nur selten perfekt gelingt.

Pfingstrose

Schräg anschneiden und die Vase zu einem Drittel mit kaltem Wasser füllen. Wenn man Pfingstrosen sehr früh in der Saison kauft, gehen manchmal die Knospen nicht auf. In diesem Falle einfach eine dünne Spülmittellösung herstellen und mit einem weichen Lappen die klebrigen Blüten abwischen.

Lilie

Lilien sind relativ leicht zu handhaben. Ein langer schräger Schnitt mit dem Messer, kaltes Wasser in die Vase, fertig. Nur der Blütenstaub kann nerven und hartnäckige Verfärbungen auf Kleidung oder Polstermöbeln verursachen. Wer auf Nummer sicher gehen will, nimmt einfach die noch geschlossenen Staubgefäße vorsichtig heraus, wenn die Blüte gerade aufgegangen ist.

Wiesensträuße

Wiesensträuße halten oft nur wenige Tage. Umso wichtiger ist es, die Stiele möglichst gut zu säubern, um Bakterien den Nährboden zu entziehen. Auch Zugluft und Quetschungen setzen den Blumen zu. Zusätzlich zum Frischhaltemittel in der Vase kann man die Stiele vorab für 3–5 Sekunden in ein Spezialmittel namens „Quick Dip 100" tauchen (erhältlich im Internet). Dadurch wird die Wasseraufnahme zusätzlich gefördert.

VERTRAGEN SICH NICHT

Hyazinthen und Narzissen lieber nicht mit anderen Blumen in eine Vase stellen. Sie geben ein schleimiges Sekret ab, das den anderen Blüten die Wasseraufnahme erschwert.

BLUMENSTRÄUSSE FÜR
JEDE JAHRESZEIT

Diese saisonalen Sträuße empfiehlt der Profi
zum Nachmachen für zu Hause.

AUF HYGIENE ACHTEN

*In einer sauberen Vase
haben Bakterien kaum
Chancen, und die
Blumen leben länger.*

*Den Blumenstiel
statt mit der Schere mit
einem scharfen Messer
anschneiden: Je
sauberer der Anschnitt,
umso weniger wird der
Stiel zerquetscht – und
umso geringer ist die
Angriffsfläche für
Bakterien.*

Frühling

Toll für den Frühling ist ein locker gebundener Strauß aus Tulpen, Anemonen und
Fritillarien, aufgespreizt mit Heidelbeer-
zweigen. Ein Stilmittel der Frühjahrsfloris-
tik: Wenig bzw. gar kein Blattgrün benutzen.

Sommer

Ein lang gebundener Strauß aus Ritter-
sporn, Lilien und Allium ist eine Kombination, die in ihrer Formensprache der Jahreszeit entspricht und besonders üppig wirkt.

Herbst

Der Herbst steht für eine große Vielfalt. Schön sind zum Beispiel kleine Sonja-Sonnenblumen, Carthamus, Disteln, Brommbeeren, Achilea, Amaranthus und Hortensien. Alles in gedeckten, warmen Farben, kompakt gebunden und mit natürlich gefärbtem Blattwerk.

Winter

Der Winter wird wieder transparenter und lässt sich mit Christrosen, verblühten Blüten, Fruchtständen, Immergrün sowie Zapfen attraktiv in Szene setzen.

ES WEIHNACHTET SEHR

Adventskranz deluxe

Ein Adventskranz in Steckmasse ist zwar etwas teurer, lässt sich aber – im Gegensatz zum gebundenen Kranz – bewässern und hält entsprechend länger.

Der perfekte Tannenbaum

Der Tannenbaum bleibt länger schön, wenn man ihn in einen Christbaumständer mit Wasser stellt. Ähnlich wie bei anderen Pflanzen mit holzigen Stielen (Flieder, Hortensie) mag er heißes Wasser.

Mit einer Nordmanntanne trifft man in jedem Fall eine gute Wahl. Noch besser haltbar ist die kaum nadelnde Nobilis-Tanne, die jedoch eine gräuliche Färbung hat. Ob grauer oder grüner Tannenbaum ist Geschmackssache.

RICHTIG GEFALTET

Ein Spannbettlaken ordentlich zu falten erscheint vielen als unlösbare Aufgabe. Mit diesem Trick funktioniert es tatsächlich.

1 Das Spannbettlaken so hinlegen, dass die Gummizüge oben sind.

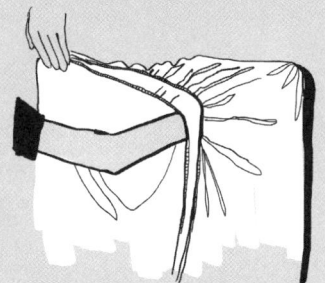

2 Die gegenüberliegenden Ecken des Spannbettlakens so ineinanderschieben, dass die jeweils untere Ecke auf links gedreht ist.

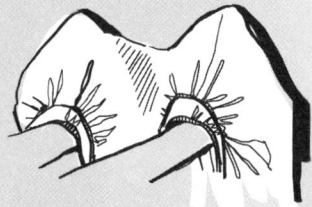

3 Beide Hände unter die ineinandergeschobenen Ecken stecken und das Laken glatt herunterhängen lassen.

5 Nun das Laken oben anfassen, glatt nach unten hängen lassen und ganz einfach zusammenfalten.

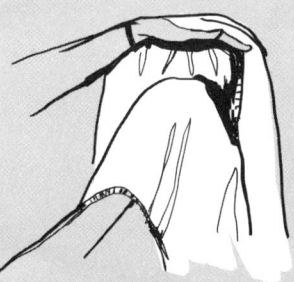

4 Die linke Hand, die in der linken Ecke steckt, zur Faust ballen. Die rechte Hand mitsamt der rechten Ecke „kopfüber" darüberstülpen, sodass die rechte Hand außerhalb des Lakens liegt.

DESIGNER-MÖBEL UND ANTIQUITÄTEN

Das ausgesessene Ikea-Sofa und der studentische Küchentisch landen irgendwann auf dem Sperrmüll. Wertvolle Möbelstücke haben jedoch eine bessere Behandlung verdient: Vielleicht erfreuen sie noch die nächste Generation. Oder sie steigen sogar im Preis?

DIE FACHFRAU

SUSANNE GRANER, SAMMLUNGSLEITERIN IM VITRA DESIGN MUSEUM

Nach dem Abitur absolvierte Susanne Graner (*1973 in Jena) zunächst eine Schreinerlehre, bevor sie Restaurierung, Kunsttechnologie und Konservierungswissenschaften in München studierte. Parallel zu ihrer langjährigen Arbeit in der Denkmalpflege beschäftigte sich Garner schon früh mit Klassischer Moderne und Designobjekten. Als Sammlungsleiterin im weltberühmten Vitra Design Museum in Weil am Rhein verantwortet sie heute den restauratorischen und konservatorischen Bereich und hat die organisatorische Leitung inne.

Woran erkenne ich einen
guten Restaurator?

Der Begriff „Restaurator" ist nicht geschützt. Wer jemanden mit restauratorischer Hochschulausbildung inklusive Diplom- bzw. Masterabschluss kontaktiert, geht auf Nummer sicher. Über den Verband der Restauratoren (www.restauratoren.de) oder über Museen und Denkmalpflegeämter bekommt man seriöse Adressen. Langjährige Berufserfahrung und gute Referenzen sind wie immer im Leben von Vorteil.

Raumklima und Luftfeuchtigkeit

Das Raumklima ist entscheidend, um hochwertige Möbel dauerhaft zu erhalten. Sehr trockene Heizungsluft ist für viele Materialien von Nachteil: Holz kann reißen oder porös werden, und auch Leder mag es nicht allzu trocken.

55–60 Prozent relative Luftfeuchtigkeit sind für Leder optimal. Bei Metallen und Stahl sieht das Ganze schon wieder anders aus: Sie leiden umso mehr, je höher die Luftfeuchtigkeit ist (Rostgefahr). Für sie wären 40–45 Prozent Luftfeuchtigkeit perfekt. Weil aber in jedem Raum mehrere Materialien und Oberflächen nebeneinander stehen, empfiehlt sich ein Mittelwert von 50 Prozent.

Mit kleinen Luftbefeuchtern aus dem Baumarkt lässt sich das Raumklima auf die jeweiligen Möbel abstimmen.

Was tun bei Flecken und Kratzern?

Möbel aus Weich- und Harthölzern sowie furnierte Möbel unterscheiden sich in ihren alltäglichen Bedürfnissen kaum. Was zählt, ist die jeweilige Oberflächenbehandlung: Ist das Holz geölt, lackiert oder gewachst? Als Laie kann man das oft nicht eindeutig

Wichtigster Ratschlag: keine Selbstversuche! Wertvolle Möbel und Objekte sollte man ausschließlich dem Profi überlassen. Laien vergrößern den Schaden oft nur.

feststellen. Wenn die Oberfläche Kratzer oder Abdrücke (etwa von Gläsern) aufweist, muss man jedoch genau wissen, ob und mit welchem Produkt das Holz geölt, gewachst oder lackiert wurde, bevor man entsprechende Maßnahmen ergreift. Das wiederum kann nur ein Experte beurteilen.

Typisches Beispiel: Behandelt man einen gewachsten Tisch mit Öl, entsteht eine Wechselreaktion, und der Tisch wird fleckig oder grau. Oft ist das Ergebnis schlimmer als der Kratzer oder Abdruck zuvor.

Hände weg von Drogerieprodukten

Das Schlimmste, was man seinen liebsten Stücken zumuten kann, sind Möbel- und Scheuerpolituren aus der Drogerie. Diese Produkte sind meist auf eine Vielzahl von Oberflächen ausgerichtet und enthalten ein breites Spektrum an Inhaltsstoffen, darunter Öle, Wachse, Lösemittel, Wasser mit Emulgatoren, Silikonöle. Solche vermeintlichen „Breitband-Helfer" nützen wenig und können dem Holz sogar schaden.

Beste Methode:
Die Trockenreinigung

Bei der trockenen Reinigung kann nicht viel schiefgehen. Ob Messingbeschläge, behandelte Holzoberflächen, Skulpturen, Chrom, Schnitzereien oder Leder: Eine weiche Ziegenhaarbürste ist für die Trockenreinigung zu Hause optimal. Sie entfernt Staub und leichte Verschmutzungen, ohne dem Material zu schaden.

Reinigungstücher aus
dem Fachhandel

Im Restaurierungsbedarf (zum Beispiel Kremer Pigmente oder Deffner & Johann) gibt es feine Vlies-Tücher für den Hausgebrauch. Sie reinigen die Oberfläche, ohne Schichten abzutragen, und dürfen bei 95 °C in die Waschmaschine.

Als teuerstes Möbelstück der Welt gilt ein Ebenholzschrank aus dem 18. Jahrhundert. Auktionspreis: 17 Millionen Britische Pfund.

Feucht wischen und
Wasserflecken föhnen

Wenn die Trockenreinigung nicht ausreicht, kann es helfen, seinen kostbaren Tisch oder Stuhl ganz leicht feucht abzuwischen. Doch Vorsicht: Je älter die Lackierung, desto wasserempfindlicher ist sie vermutlich. Bleiben kleine Wasserpfützen auf der Oberfläche oder Wasserflecken auf dem Polster, nimmt man diese schnellstmöglich mit einem Tuch ab. Manchmal ist es sinnvoll, den Trocknungsprozess mit Hilfe eines auf niedrigster Stufe eingestellten Föhns zu unterstützen.

Bloß nicht: Seifenwasser

Wasser verdunstet, Seife nicht. Reinigt man ein edles Möbelstück mit Seifenwasser, bleiben immer Rückstände übrig, die mit Fetten und Ölen reagieren und die Oberflächeneigenschaften in ihrer Struktur verändern können – insbesondere bei nichtrestaurierten historischen Objekten.

Die Katastrophe: Rotweinfleck auf dem Sofa

Manchmal geht es schnell: Der Rotweinfleck landet auf dem Sofa und sickert langsam in die Poren des Leders oder die Fasern des Textilbezugs. Was tun? Die Antwort: Ruhig bleiben, auch wenn es schwer fällt, und niemals zu Salz oder Waschmittel greifen! Stattdessen den noch frischen Fleck fotografieren und einen Fachmann kontaktieren. Anhand des Fotos kann er besser beurteilen, wie das Polster gereinigt werden muss.

Wenn Hölzer und Furniere
ihre Farbe verändern

Holz reagiert auf Lichteinfall. Helle Hölzer, etwa Birke, werden dunkler oder bekommen einen honiggelben Stich. Dunkle Hölzer wie Nussbaum und Mahagoni werden heller. Verhindern kann man die Farbveränderung nicht. Neuerdings werden bestimmte Hölzer wie Ahorn noch vor dem Lackieren chemisch behandelt, damit sie möglichst lange ihre Ursprungsfarbe behalten.

Hartholz vs. Weichholz:
Was ist besser?

Verschiedene Hölzer verfügen über verschiedene Eigenschaften. Harthölzer (Laubbäume wie Eiche, Mahagoni, Kirsche) halten höhere Belastungen aus, darunter der berühmte Eichentisch. Weichhölzer (die meisten Nadelbäume, aber auch Weide oder Linde) sind zwar minimal empfindlicher, dafür aber leichter zu bearbeiten.

Kleine Holzleimarbeiten
selber machen...

... sofern man den richtigen Leim verwendet. Viele Heimwerker greifen zum gängigen Weißleim. Profis verwenden für das Verleimen von Hölzern jedoch Gelatineähnlichen Glutin-Leim auf tierischer Basis. Der trockene Leim (in Körnerform) quillt im Wasser auf und wird auf 60 °C erwärmt. So lässt er sich wunderbar mit einem Pinsel auftragen. Der Vorteil: Glutin ist wasserlöslich und kann auch nach vielen Jahren mühelos entfernt werden. Andere, moderne Leime muss man nach der Aushärtung abschleifen oder abkratzen, was häufig zu Schäden führt.

Wasserlösliche Glutin-Leime wurden schon in der Antike verwendet und sind für einfache Holzverleimungen bestens geeignet.

Was sind eigentlich Furniere?

Furniere sind kein Massivholz. Gerade Designobjekte sind oft aus Sperr- oder Schichtholz gefertigt, das mit dünnen Holzblättern – den Furnieren – belegt wird. Diese dünnen Blätter werden durch verschiedene Schneideverfahren vom Stamm einer edlen Holzsorte abgetrennt und zeichnen sich oft durch außergewöhnliche Maserungen aus.

Korrosion auf Chrom: Was hilft?

Bauhaus-Freischwinger und Eames Chairs bilden den Mittelpunkt in vielen modernen Haushalten. Umso ärgerlicher, wenn die Chromelemente irgendwann pustelförmige Unebenheiten, Verfärbungen oder Risse aufweisen. Die bittere Wahrheit lautet: Man kann fast nichts dagegen tun. Der Versuch, die Unebenheiten mit Stahlwolle zu entfernen, ist zwecklos – die Stahlwolle zerkratzt höchstens die Chrombeschichtung. Mit etwas Glück kann ein guter Fachrestaurator auf mechanischem oder chemischem Weg die Korrosionsprodukte reduzieren, ohne die Verchromung zu beschädigen.

Patina steigert den Wert

Wenn die wertvolle Antiquität oder das originale Designerstück Patina ansetzen, bloß nicht verzweifeln: Kratzer und andere Alterserscheinungen erzählen nicht nur die Geschichte eines Möbels, sie können sogar dessen Wert steigern. In den letzten Jahren hat sich auch in Händlerkreisen die Auffassung durchgesetzt, dass Patina zu alten Möbeln dazugehört. Befindet sich ein Stück in gutem Zustand und besitzt es noch die originale Lackierung bzw. die ursprüngliche Polsterung, ist es sowohl unter musealen als auch unter monetären Gesichtspunkten umso wertvoller.

Je originaler, desto besser: Im Kunst- und Antiquitätenhandel gelten massive Restaurationen lediglich als eine neue Interpretation des Originalzustandes. Der Wert eines Stückes kann dadurch sinken. Ein Grund mehr, nicht sofort bei jedem Kratzer Hand anzulegen.

AUFRÄUMEN UND ORDNUNG HALTEN

Ordnung muss nicht zwingend das halbe Leben sein. Wäre ja auch etwas viel verlangt. Mit diesen gesammelten Ratschlägen von Müttern, Großmüttern und Hausfrauen hat das Chaos (fast) keine Chance.

Radikal entrümpeln

Stellen Sie sich vor, Sie würden umziehen: Welche Dinge würden Sie wegwerfen? Was haben Sie seit Jahren nicht mehr benutzt? Trennen Sie sich von Krimskrams, Kleidung, Möbeln – und schaffen Sie Platz. Meist dauert eine radikale Entrümplungsaktion nicht länger als ein Wochenende.

Die 3-Kisten-Methode

Stellen Sie drei Umzugskisten auf. In Kiste 1 geben Sie alles, was Sie aufheben wollen. In Kiste 2 kommen Dinge, die Sie selbst nicht mehr brauchen, die aber möglicherweise für andere interessant sind (Dinge zum Verkaufen/Verschenken). Kiste 3 ist schließlich die Abfallkiste.

Stauraum schaffen

Multifunktionale Möbel und maßgefertigte Einbauschränke geben auch kleinen Wohnungen den nötigen Stauraum: Vom Bettkasten über den mobilen Unterschrank bis zur Bank mit aufklappbarem Sitz. Einfach im Möbelhandel und/oder vom Tischler beraten lassen, welche Möglichkeiten es für die eigenen vier Wände gibt.

Sortieren mit System

Genau wie ein gut sortiertes Büro, das über Ablagen für sämtliche Dokumente verfügt, lassen sich auch die Dinge des Alltags sortieren. Der Trick: Jeder Gegenstand besitzt nur einen einzigen, ihm zugedachten Platz und wird ausschließlich dort abgelegt. Zum Beispiel Post immer sofort auf den Schreibtisch, Schlüssel ans Schlüsselbrett, Mützen und Schals in den Schrank, Kugelschreiber in eine bestimmte Schublade und so weiter. Beschriftete Boxen und Körbe helfen dabei, die Übersicht zu behalten. Tipp: Sperrige Küchengeräte, die man seit Monaten nicht mehr verwendet hat, dürfen getrost in den Keller verbannt werden.

Platz ausnutzen

Die Innenseiten von Schrank- und Speisekammertüren sind wahre Stauraumwunder, etwa, um dort schmale Hängeregale, Haken oder Schuh-Organizer anzubringen. Auch Putzmittel, Gewürze oder Vorräte können hier ihren Platz finden.

Ein Flohmarktstand kann ein guter Ansporn sein, um sich auch von jenen Dingen zu trennen, die „noch gut" sind oder „teuer waren". Wer sein Flohmarkt-Vorhaben jedoch wochenlang nicht umsetzt, sollte Herz beweisen und diese Dinge einfach verschenken.

Staubfänger beseitigen

Je weniger Dinge offen herumstehen, umso weniger Lebenszeit verbringt man mit Staubwischen. Besonders im Bad sollte man sämtliche Utensilien in verschließbare Schränke, Boxen und Körbe verbannen. Wer jetzt noch die Ablageflächen komplett freiräumt und dort lediglich drei, vier schöne Parfümflakons und ein oder zwei Zahnputzbecher platziert, kreiert einen Look fast wie im (Luxus-)Hotel. Tipp: Schöne, weiche, möglichst einfarbige Bade- und Handtücher kaufen. Die alten verwaschenen Dinger lieber zum Putzen verwenden statt zum Abtrocknen.

Die 5-Minuten-Regel

Für viele Menschen ist es die Angst vor der ganz großen Aktion, die sie vom Aufräumen abhält. Sollten auch Sie zu dieser Gruppe gehören, versuchen Sie doch einmal Folgendes: Investieren Sie ab heute 5 Minuten täglich pro Zimmer. Im Wohnzimmer zum Beispiel nur eine einzige Schublade ausmisten, im Bad die Handtücher neu falten, in der Küche die Gläser ordentlich hinstellen und im Kleiderschrank die Sockenkiste sortieren. Morgen geht es in die nächste Runde. Das Beste an der 5-Minuten-Regel: Es gibt sofort sichtbare Erfolge.

Nervigster Ratschlag, größte Wirkung

Jeden Tag mindestens einmal Klarschiff machen hilft garantiert, um Chaos gar nicht erst entstehen zu lassen.

KOFFER PACKEN: DIE BESTEN TRICKS

Das Anstrengendste an einer Reise ist für viele das Kofferpacken – und das ist eine Wissenschaft für sich. Die Meinungen dazu sind fast so verschieden wie die Menschen, die auf Reisen gehen. Wir haben uns unter Geschäftsleuten und Weltenbummlern umgehört und die besten Tipps zusammengetragen.

DIE GRUNDREGELN
BEIM PACKEN

1 Schwere Sachen und Kleidungsstücke (Kulturbeutel, Weinflaschen, Jeans, Bücher, Schuhe) zuerst in den Koffer legen.

2 Lücken mit Socken und ggf. Unterwäsche „stopfen". Socken sind auch in Schuhen gut verstaut.

3 Apropos Schuhe: Die sollte man am besten in Stoffbeutel stecken, wenn möglich einzeln. Im Doppelpack sind Schuhe sperriger.

4 Nie den Koffer vor der Reise bis zum Anschlag packen. Man shoppt vielleicht noch eine Runde und muss sich am Ende mit (teurem) Übergepäck herumärgern.

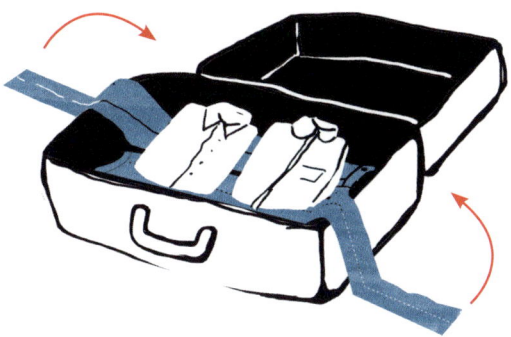

Der Jeans-Trick

Jeans nicht klein falten. Stattdessen sollte der Bund der Hose an der Innenseite des Gepäckstücks anstoßen. Die Hosenbeine lässt man an der gegenüberliegenden Seite lang heraushängen. Das nächste Paar wird genau andersherum in den Koffer gelegt, sodass die Hosenbeine auf der anderen Seite heraushängen und so weiter. Im Anschluss Blusen, T-Shirts und andere Kleidungsstücke über die Hose(n) legen und am Schluss die Hosenbeine einschlagen. Fertig.

Rollen statt Falten?

Hier scheiden sich die Geister. Die einen sagen, dass gerollte Kleidung Platz spart, Knitterfalten vorbeugt und sich besonders leicht aus dem Koffer nehmen lässt. Andere sind sich sicher: Man kann nur dann richtig viel Kleidung einpacken, wenn sie perfekt gefaltet ist.

Achten Sie darauf, dass Sie als letzte Schicht solche Kleidung in Ihren Koffer legen, die unempfindlich ist. Die Gurte, die man über das Gepäck schnallt, damit es nicht verrutscht, können einschneiden.

Vakuumieren

Freunde ungewöhnlicher Haushaltsgeräte haben noch einen besonderen Geheimtipp parat: Sie vakuumieren ihre Kleidung. Dadurch nimmt die gleiche Menge an Kleidungsstücken nur etwa ein Drittel des normalen Platzes ein.

Wer kein Vakuumier-Gerät daheim hat, kann sich mit einem Staubsauger (auf höchster Stufe) behelfen. Dafür die Kleidung einfach gefaltet in einen Vakuumierbeutel packen und die Luft heraussaugen. Zwar entsteht kein vollständiges Vakuum, handlicher wird die Kleidung trotzdem.

Nachteil: Spätestens auf der Rückreise stehen die Vertreter der Vakuumier-Methode vor einem noch größeren Problem als alle anderen. Denn sowohl Vakuumier-Gerät als auch Staubsauger sind zu sperrig, um sie mit auf Reisen zu nehmen.

Ladys reisen leichter

Manchmal haben es Frauen leichter. Im wahrsten Sinne: Denn die praktischsten Kleidungsstücke sind oberschenkel- oder knielange Kleider. Sie nehmen im Gegensatz zu Jeans, Oberteilen & Co weniger Platz ein, und man ist tagsüber und abends gut angezogen. Sollten Sie also für einen Kurztrip nur mit Handgepäck reisen, suchen Sie sich zwei, drei ihrer liebsten Kleider heraus. Je nach Saison Strumpfhose zum Wechseln nicht vergessen, dazu ein weiteres Paar Schuhe – und schon sind Sie bestens ausgestattet.

Keine Knitterpartie

Damit Anzug oder Abendkleid während der Reise weniger knittern, hilft es, sie in Seidenpapier einzuwickeln. Auch eine große Plastiktüte, in die man etwa den Anzug legt, kann den Stoff vor Knitterfalten schützen. Ebenfalls eine Alternative zum Seidenpapier ist Butterbrotpapier. Aber bitte unbenutzt. Den Hemdkragen kann man mit einem gerollten Gürtel in Form halten. Krawatten schützt man vor Knitterfalten, indem man sie auf Stoffbeuteln einrollt. Einen Blazer legt man am besten wie folgt zusammen: Den linken Ärmel nach außen stülpen. Daraufhin in den rechten stecken. Den Blazer in der Mitte falten.

Alles frisch?

Wer mehrere Wochen durch die Weltgeschichte reist und dabei aus dem Koffer lebt, ärgert sich spätestens nach der ersten Woche, dass selbst unbenutzte Kleidungsstücke nicht mehr frisch duften. Die Lösung: Einfach Trocknertücher zwischen die Kleidung legen. Dann duften die Stücke selbst während einer langen Reise noch angenehm. Alternativ kann man auch ein Lavendelbeutelchen in den Koffer legen.

Shampoo-Desaster vorbeugen

Dass man Shampoo, Lotion und Cremes in eine Plastiktüte packt, um seine Kleidung im Falle des Auslaufens zu schützen, ist bekannt. Aber es ist auch eine ziemliche Sauerei, wenn die Creme sich während der Reise in der Tüte verteilt hat. Mit einem einfachen Trick kann man diesem Desaster vorbeugen: Ein Stück Frischhaltefolie über die Flaschenöffnung ziehen und den

Verschluss darüber schrauben. Unbedingt darauf achten, dass der Verschluss richtig fest sitzt.

Koffer vs. Reisetasche:
Was ist besser?

So einfach lässt sich die Frage nicht beantworten. Reisetaschen sind oft leichter. Für Koffer spricht: Die harte Schale schützt den Inhalt vor Stößen. Außerdem reist man mit einem Koffer besser „sortiert", während in einer Tasche die Stücke eher durcheinanderfliegen. Viele Reise-Profis schwören übrigens auf Rimowa-Koffer. Der Grund: Die deutsche Firma fertigt extrem langlebige und robuste Koffer an, die aus Aluminium bestehen und daher überraschend leicht sind.

"

Ich reise niemals ohne mein Tagebuch. Man sollte immer etwas Aufregendes zu lesen bei sich haben.
Oscar Wilde

Checkliste: Was darf ins Handgepäck?

Medikamente in Tablettenform dürfen ins Handgepäck. Flüssige Medikamente (Nasenspray, Augentropfen u. a.) und Spezialnahrung (Diabetikerkost, Babynahrung), die für die Flugdauer notwendig sind, ebenfalls. Es kann aber sein, dass nach einer ärztlichen Bescheinigung gefragt wird.

Flüssigkeiten und Sprays (Cremes, Lotionen, Parfüm, Deos, Zahnpasta etc.) unter 100 ml dürfen normalerweise mitgeführt werden; dennoch kann das Personal im Einzelfall anders entscheiden. Darüber hinaus müssen sämtliche Flüssigkeiten in einem einzigen durchsichtigen und verschließbaren Plastikbeutel verstaut sein. Am besten, man gibt deshalb so viel wie möglich im Koffer auf, statt sein Handgepäck zu belasten.

Taschenmesser bis zu 6 cm Klingenlänge sind erlaubt, zumindest in Deutschland. In anderen Ländern gelten andere Bedingungen. Besser in den Koffer damit.

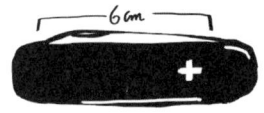

Nagelschere und Nagelfeile, also Dinge des täglichen Gebrauchs, sind meist ebenfalls im Handgepäck erlaubt (bis 6 cm Klinge). Aber Vorsicht, auch hier gibt es unterschiedliche Regelungen. In der Praxis kann es durchaus passieren, dass sie einkassiert werden.

Feuerzeuge dürfen in der Regel mitgeführt werden. Allerdings höchstens eins, und das möglichst „am Körper", also zum Beispiel in der Hosentasche.

STICHWORTVERZEICHNIS

Foto: Annette Hauschild, Ostkreuz

Linda-Luise Bickenbach, geboren in Köln, ist freie Autorin und Redakteurin. Seit ihrem Studium der Literaturwissenschaft in Münster, London und Berlin arbeitet sie für verschiedene Lifestyle-Magazine und Verlage. Sie ist verheiratet und lebt seit 2000 in Berlin-Mitte.

Bente Schipp, geboren in Mainz, ist freie Artdirektorin, Illustratorin und Mutter von zwei Kindern. Sie hat in Frankfurt am Main Kunstwissenschaft studiert und lebt seit 1994 in Berlin-Prenzlauer Berg.

*Atlantik Bücher erscheinen im
Hoffmann und Campe Verlag, Hamburg.*

1. Auflage 2016
Copyright © 2016 by
Hoffmann und Campe Verlag, Hamburg
www.hoca.de   www.atlantik-verlag.de
Gesetzt aus der ITC Century
Druck und Bindung: Friedrich Pustet, Regensburg
Printed in Germany
ISBN 978-3-455-37029-4

HOFFMANN
UND CAMPE

Ein Unternehmen der
GANSKE VERLAGSGRUPPE